E. W. Heine

Luthers Floh

*Geschichten aus der
Weltgeschichte*

Diogenes

Umschlag:
Nach dem Gemälde von
Lucas Cranach dem Älteren
Martin Luther (1532)
Vignetten von E. W. Heine

Originalausgabe

*Diese Geschichten sind so wahr
und so unwahr wie alles,
was in unseren Geschichtsbüchern steht.*

E. W. Heine

Inhalt

Ein Mönch, der sich im Mittelalter mit dem Studium der Naturwissenschaften befaßte, fing einen Floh. Er setzte das kleine Insekt auf den Tisch und sprach: »Hüpf!« Und siehe da, der Floh hüpfte davon.

Nun fing der Mönch einen anderen Floh, dem er die Beine ausriß. Er setzte ihn nieder und sagte: »Hüpf!« Doch der Floh blieb sitzen. Wie oft er ihm auch befahl zu hüpfen, der Floh gehorchte nicht.

Daraus folgerte der Mönch: »Wenn man einem Floh die Beine ausreißt, so schlägt ihn der Herr mit Taubheit.«

Das Herz des großen Korsen

Seit Caesar hat kein Sterblicher das Schicksal Europas entscheidender bestimmt als Napoleon Bonaparte, jener leuchtende Komet, der wie eine Sonne strahlte, ehe er viel zu früh und für immer verlosch.

Bei meinen Studien über diesen Alexander der Neuzeit stieß ich auf ein Buch eines skandinavischen Zahnarztes. Dieser Dr. Sten Forshufvud vertrat dort allen Ernstes die Behauptung, Napoleon sei während seiner englischen Gefangenschaft auf Sankt Helena von einem gehörnten Ehemann mit Arsen umgebracht worden.

Dr. Forshufvud verteidigte seine absurden Thesen so geschickt, daß ich mir bei meinem nächsten Parisbesuch von einem Kollegen der Sorbonne die Sondergenehmigung erbat, die Originalberichte der Autopsie einzusehen. Dieser authentische Report der Ärzte ist juristisch mit einem Gerichtsgutachten gleichzusetzen. Er wurde unterschrieben von Augenzeugen, die über jeden Zweifel erhaben sind. Hinzu kommt ein Bericht, den Dr. Henry zwei Jahre später anhand seiner Tagebuchaufzeichnungen verfaßt hat. Auch Henry war bei der Autopsie zugegen gewesen. Noch bedeutsamer ist allerdings der offizielle Bericht von Dr. Antommarchi, der die Leichenöffnung eigenhändig vorgenommen hatte.

Antommarchi diagnostizierte für alle Anwesenden deutlich sichtbar eine umfangreiche krebsartige Geschwulst an der Innenwand des Magens, die sich bis zum Pförtner hin erstreckte und den Magenausgang blockierte. Damit stand die bereits vermutete Todesursache fest.

Überhaupt scheint der Magenkrebs in der Familie erblich gewesen zu sein. Auch Napoleons Vater und seine Schwester Pauline sind daran gestorben.

Professor Hillemand weist in seiner ›Pathologie de Napoléon‹ darauf hin, daß der Kaiser der Franzosen von heute auf morgen eine heftige Abneigung gegen Schnupftabak entwickelte, den er bis zum Jahre 1819 regelmäßig in größeren Mengen genommen hatte.

Eine plötzliche unbegründete Aversion gegen Tabak ist aber ein sicheres frühes Anzeichen für Magenkrebs. Es steht heute fest, daß Napoleon an Krebs gestorben ist. Wer an dieser vielfach belegten Tatsache zweifelt, ist ein Phantast.

Aber da war etwas anderes, das mir auffiel und meine Skepsis erregte. In dem Autopsiebericht wird festgestellt, daß Hoden und Penis »sehr klein« gewesen seien. Wie ist das möglich? Ein so stolzer und ehrbewußter Mann wie Napoleon würde eine solche körperliche Unzulänglichkeit seiner Manneskraft ganz gewiß verheimlicht haben. Wir wissen aber aus zahlreichen Berichten, daß Napoleon nackt mit seinen Soldaten badete, ohne daß jemals einem aufgefallen wäre, daß dem großen Korsen an entscheidender Stelle ein paar Zentimeter gefehlt hätten. Auch die Frauen, mit denen Napoleon häufig und gerne schlief, beklagten niemals dergleichen, selbst die klatschsüchtige Joséphine nicht, die ihre intimsten Eheerlebnisse an den Polizeichef Fouché verkaufte, um damit ihr Haushaltsgeld aufzubessern.

Und wie war es bei Marie Louise? Als Napoleon seiner zukünftigen zweiten Frau entgegenreiste, erlag die wohlerzogene Tochter des österreichischen Kaisers bereits in Compiègne dem werbenden Charme des Korsen. Wider alles Hofzeremoniell stieg sie noch vor der Trauung mit ihm ins Bett. Ihre lauschenden österreichischen Zimmermädchen berichteten nach Wien, ihre Herrin habe so »brünstig gestöhnt«, daß sie um ihr Leben gebangt hätten. Napoleon erinnerte sich anderentags, Marie Louise habe ihn darum gebeten, »es noch einmal zu machen«.

Da ist nirgendwo auch nur eine Spur von sexuellem Infantilismus.

Befaßt man sich näher mit dem Autopsiebericht, so stellt man mit Erstaunen fest, daß die Verfasser dazu neigen, alles klein zu finden. Hände und Füße, Nieren und Blase seien »kleiner als normal« gewesen. Der Report gipfelt in der Feststellung, wie auffallend klein das Herz gewesen sei.

Ein aufmerksamer Leser vermag sich nicht des Eindrucks zu erwehren, daß hinter diesem anatomischen Verkleinerungsversuch eine seltsam absurde Absicht steckt. Aber welche? Wollte man den großen Korsen noch nachträglich zum Zwerg degradieren? Noch heute herrscht allgemein die Vorstellung, Napoleon sei klein gewesen, dabei entsprach er mit seiner Körpergröße von einem Meter siebzig dem Durchschnitt seiner Zeit.

Ich spürte, hier war ich einem Geheimnis auf der Spur. Ich stürzte mich wie Sherlock Holmes in das Studium der Fakten, recherchierte und kombinierte. In mühevoller Kleinarbeit trug ich Steinchen um Steinchen zusammen, bis sich das Ganze zu einem höchst erregenden Mosaik zusammenfügte.

Als am 5. Mai des Jahres 1821 die Sonne aus den warmen Fluten des tropischen Meeres auftauchte, tobte ein Unwetter über dem Südatlantik. Das einsame Eiland mitten im Meer wurde von heftigen Regenschauern gepeitscht. Die wenigen Eingeborenen, die hier lebten, hatten sich in ihren feuchten Unterschlupfen verkrochen. Selbst die wahren Herren der Insel, die Fliegen, wagten sich nicht hervor. Es war schon mehr als Hohn, daß dieser gottverlassene Felsen, zweitausend Kilometer von Afrika – dem nächsten Festland – entfernt, den Namen der schönsten Frau der griechischen Antike trug. Sankt Helena war weiß Gott der letzte Ort, wo ein zivilisierter Europäer auch nur einen Tag seines Lebens zu verbringen wünschte.

Und doch vegetierten hier auf diesem kleinsten Pünktchen der Landkarte mehr als tausend britische Soldaten, um einen einzigen todkranken Mann rund um die Uhr zu bewachen, und das nun schon seit fünfeinhalb Jahren. Der gefangene Riese, vor dem noch immer alle Könige Europas zitterten, lag auf seinem Bett und erwartete seinen Tod.

Napoleon Bonaparte fürchtete den Tod nicht. Arm in Arm hatten sie sechzig Schlachten miteinander geschlagen. Allein im italienischen Feldzug hatten sie vierzigtausend Österreicher niedergemacht, und das mit einer Armee, deren Höchststärke nie mehr als vierzigtausend Männer betrug. Nur zwei Jahre später, in der Schlacht bei den ägyptischen Pyramiden, war die gesamte feindliche Streitmacht zerschlagen worden. Die Engländer sprachen von vierundzwanzigtausend Gefallenen. Napoleon wußte es besser. Die ägyptische Infanterie, die noch nie schweren Artilleriebeschuß erlebt hatte, geriet in solche Panik, daß die meisten von ihnen flüchtend im Nil ertranken. Ihre Leichen hatte keiner gezählt.

»Mehr noch als meine Feindschaft haben sie meine Freundschaft gefürchtet«, flüsterte der Sterbende, »denn wäre es mir gelungen, Europa einen dauerhaften Frieden zu geben, so wären ihre überalterten Monarchien zusammengestürzt wie Kartenhäuser. Die liberalen Ideen der Revolution hätten sich in Europa verbreitet wie in Nordamerika, wo nur wenige Jahre zuvor George Washington die Engländer bei Yorktown zur Kapitulation gezwun-

gen hatte. Wir waren in ihren Augen eine anstek-
kende Seuche, ein Sumpffieber, das ihre alters-
schwache Existenz bedrohte. In Wahrheit hätte unser heilsames Fieber sie von allen alten Schlacken
befreit und Europa neues Leben eingehaucht.« So
sprach Napoleon zu sich selbst. Vielleicht ge-
brauchte er andere Worte, vielleicht erinnerte er sich
schweigend, überschaute sein Leben in leuchtenden
Gedankenbildern. Was sind Worte im Angesicht
des Todes?

Der Regen rauschte, oder war es das Blut in den
fiebernden Schläfen? Dunkle Schatten glitten vorüber, huschten über Boden und Wände, Fieber-
phantasmen, Todesschatten, Ratten, ja, es waren die
Ratten.

»Ich bin umgeben von Ratten. Mein ganzes Leben
lang war ich umgeben von Ratten: Fouché, Talley-
rand und die Bourbonen, österreichische Ratten,
preußische Ratten, russische Ratten. Am schlimmsten waren die englischen. Einzeln sind sie hilflos
und feige, aber in der Masse triumphieren sie wie
alles Ungeziefer.«

Nachts, wenn er wach lag, hörte er das Nagen ihrer Zähne. Wenn man das Licht anzündete, ver-
schwanden sie wie ein Spuk. Wenn man es löschte,
waren sie wieder anwesend. Sie waren überall und
nirgendwo wie Gott oder nein, wie die russischen

Kosaken an der Beresina. Manchmal sprach er zu ihnen. Dann sagte er: »Ihr seid die wahren Herren der Insel. Niemand vermag euch die Freiheit zu rauben, nicht einmal die Engländer.«

Als man ihm berichtete, die Ratten hätten im Arsenal die britische Fahne zerfressen, sagte er zu Montholon: »Wir haben einen neuen Verbündeten. Selbst die Ratten kämpfen auf meiner Seite.«

Gegen Mittag erschien der Abbé Vignali, um ihm die letzte Ölung zu erteilen. Er salbte Augenlider, Ohren, Nase, Mund und Hände zur Vergebung der Sünden, die mit jedem der fünf Sinne begangen worden waren.

»Salben Sie mein Herz«, sagte Napoleon. »Alles, was ich getan habe, habe ich mit ganzem Herzen getan.«

Später sagte er zu General Bertrand, der ihm freiwillig in die Gefangenschaft gefolgt war: »Vor dem Sterben habe ich keine Angst. Ich fürchte nur, daß die Engländer meine Leiche als Trophäe behalten werden. Mein Leben hat Frankreich gegolten, aber mein Herz hat immer nur meiner Frau und meinem Sohn gehört.«

Er erteilte dem treuen Bertrand den Auftrag, man solle sein Herz in Weingeist konserviert nach Parma bringen. »Sagen Sie ihr, daß ich sie zärtlich geliebt habe und niemals aufhören werde, sie von ganzem

Herzen zu lieben. Glauben Sie mir, das, was an uns unsterblich ist, lebt in unseren Herzen und nicht in unseren Köpfen.«

Gegen Mittag erhöhte sich das Fieber. Siebenmal hatten sie in der vergangenen Nacht die Bettwäsche gewechselt. Er fror. Seine Füße waren so kalt, daß man sie mit heißen Handtüchern erwärmte. Die Enge des Schlafzimmers erdrückte ihn. Er ließ sich in den Salon tragen. Man öffnete die Fenster. Die Sonne hatte über den Regen gesiegt. Der Kaiser sprach: »Guten Morgen, Sonne, meine liebe Freundin.«

Mit geschlossenen Augen genoß er die letzte Wärme. Er roch den würzigen Duft der korsischen Macchia, hörte die Glocken von Ajaccio und spürte die streichelnde Hand der Mutter. Er lief durch den düsteren Schlafsaal der Kadettenanstalt von Brienne-le-Château, erlebte die Erstürmung der Tuilerien, die Septembermorde. Da war Joséphine in dem geblümten Musselinkleid mit der hohen Taille, in dem sie geheiratet hatte. Er lag in dem blautapezierten Schlafzimmer mit den unzähligen Spiegeln. Wie wundervoll ihre Haut im Kerzenlicht schimmerte. Nein, das war nicht Joséphine. Marie Louise! Sie war schwanger. Er hörte die Stimme des alten Doktor Mollien: »Es wird eine schwere Geburt werden.« Und dann wartete er auf die Salutschüsse: Einundzwanzig für ein Mädchen und ein-hundertundeins für einen Jungen. Ein Sohn! Ich habe einen Sohn!

Und dann Waterloo, nein, es war Borodino. In ihren Paradeuniformen ritten sie in die Schlacht, mit weißen Hosen, blauen Röcken und goldenen Tressen. Gegen den Donner von tausend Kanonen sangen sie die Marseillaise. Er sah, wie den Marschällen Davout und Dessaix die Pferde unter dem Leib weggeschossen wurden. Die Garde stürmte die Schanzen.

Seine letzten Worte waren: »France... Armée... Tête d'armée.«

Antommarchi schloß dem Toten die Augen und hielt die Uhr an. Sie zeigte auf fünf Uhr neunundvierzig. Montholon ließ dem englischen Gouverneur der Insel die Nachricht vom Tode Napoleons überbringen. Lowe schickte zwei Militärärzte, die sich vom Tod des Gefangenen überzeugten. Vier französische Offiziere übernahmen die erste Totenwache. Am anderen Morgen erschien Gouverneur Lowe. Er ordnete die sofortige Autopsie an. Die französischen Offiziere protestierten gegen die unschickliche Eile und erwirkten einen Aufschub.

Als die Zeit verstrichen war, wurde die Leiche auf den Billardtisch gehoben, den man mit Bettlaken abgedeckt hatte. Als das Gesicht enthüllt wurde, ging ein Ausruf des Erstaunens durch die Reihe der Zeugen. Sie alle hatten nie »schönere, ebenmäßigere und friedvollere« Züge gesehen.

Mit schnellen, geschickten Schnitten öffnete Antommarchi Brust und Bauchhöhle. Er diagnostizierte eine deutlich erkennbare, weit fortgeschrittene krebsartige Geschwulst.

Niemand war bei dieser Nachricht so erleichtert wie Gouverneur Lowe. Er trug die Verantwortung für den teuren Gefangenen. Er wußte, was von ihm verlangt wurde. Einerseits mußte durch schärfste Bewachung vermieden werden, daß sich die Flucht von Elba wiederholte, zum anderen durfte in der Welt keinesfalls der Eindruck entstehen, Napoleon sei der Rache der Engländer zum Opfer gefallen. In wenigen Tagen würde der Tod Napoleons die Gazetten in aller Welt beschäftigen. Das Ansehen des britischen Empires stand auf dem Spiel. Lowe wußte, daß der geringste Fehler ihn um Kopf und Kragen bringen würde.

Nach der Autopsie bat der Gouverneur die anwesenden Herren zu einem Drink in sein Haus. Sie hatten ihn nötig, denn eine Leichenöffnung ist bei aller Pietät immer eine ekelhafte Angelegenheit.

Napoleons sterbliche Überreste wurden in die dunkelgrüne Chasseur-Uniform gesteckt. Dann legte man ihn in einen mit Satin ausgeschlagenen Mahagonisarg.

Lowe hatte den strikten Befehl, daß die Leiche Sankt Helena nicht verlassen dürfe. Das Herz kam vorerst in eine silberne Urne, da die Entscheidung, was mit ihm zu geschehen habe, noch nicht vorlag.

In der Nacht wurde der Gouverneur von seinem Burschen geweckt: »Dr. Antommarchi wünscht Sie zu sprechen. Er sagt, es sei dringend und unaufschieblich.«

Lowe ahnte sofort, daß etwas Ungewöhnliches vorgefallen sein mußte, aber als er Antommarchi gegenüberstand, wußte er, daß die Realität seine schlimmsten Befürchtungen übertreffen würde. Antommarchi war so erregt, daß er kein Wort hervorbrachte. Erst als er ein Glas Wasser hintergestürzt hatte, löste sich seine Zunge: »Sein Herz«, stammelte er, »es ist weg. Leer. Die Urne ist leer. Die Ratten ... Sie haben sein Herz geholt.«

Der Gouverneur schlug Antommarchi ins Gesicht. »Sie lügen«, schrie er.

»Es ist die Wahrheit. Ich wollte ihn noch einmal betrachten. Es war grauenhaft. Ich habe noch niemals so viele Ratten auf einem Haufen gesehen. Sie waren wie von Sinnen.«

Da war der Skandal, den er immer befürchtet hatte. Lowe sah in Gedanken bereits die hämischen

Schlagzeilen der europäischen Gazetten. Er war erledigt, am Ende. Aber Lowe wäre kein Berufssoldat gewesen, wenn er sich nach fünfeinhalb Jahren Verbannung auf dieser stinkenden Ratteninsel kampflos seinem Schicksal überlassen hätte.

Er befahl Dr. Henry zu sich und erklärte ihn und Antommarchi für diese unglaubliche Schweinerei allein verantwortlich, da sie als Ärzte mit der Autopsie betraut worden waren.

Bei dem Wort ›Schweinerei‹ durchzuckte ihn ein Gedanke, der ihn nicht mehr losließ. Könnte man nicht eines seiner Schweine schlachten? Antommarchi, in der Anatomie am meisten bewandert, verwarf den Gedanken. Man müsse damit rechnen, daß die Wissenschaft sich mit dem Herz Napoleons befassen werde, zumal es der einzige sterbliche Teil des großen Toten sei, der nach Europa zurückkehren werde. Etwas anderes sei es jedoch, wenn der Gouverneur seinen zahmen Pavian Coco opfern würde, den ihm der Gouverneur von Kapstadt geschenkt hatte. Die genetische Verwandtschaft zwischen Mensch und Affe sei so eng, daß sich ein Unterschied beim Zellgewebe des Herzens nur schwer nachweisen lasse.

Als sie den Affen noch in der gleichen Nacht ausweideten, stellten sie fest, daß sein Herz nur halb so groß war wie das verlorengegangene Original.

Die Ärzte versprachen, diese anatomische Diskrepanz bei der Aufstellung ihres Autopsieberichtes zu berücksichtigen. Und so kam es, daß Napoleons edle Teile alle etwas schrumpfen mußten, um sich dem Herzen eines heimwehkranken afrikanischen Affen anzupassen. Dabei wäre dieses ganze Affentheater gar nicht nötig gewesen. Aus Gehorsam zu ihrem Vater lehnte Marie Louise die Annahme der Urne ab. Offiziell erklärte sie, sie wolle die sterblichen Überreste ihres Mannes »unangetastet und unversehrt« belassen.

Napoleons Anhänger sagten: »Recht so, denn sie hat dieses Herz nicht verdient«, und damit hatten sie zweifellos mehr recht, als sie ahnten.

Die Urne kam in den Sarg und kehrte dann später mit dem Kaiser nach Paris zurück. Dort liegt das Herz noch heute als heiligste Staatsreliquie der Grande Nation.

Es gibt nur wenige Große, die es nicht besucht haben. Charlie Chaplin war da, Hitler und Charles de Gaulle, denn dort schlägt das Herz von Frankreich.

Falls Sie jemals nach Paris kommen und im Invalidendom am Marmorsarkophag des ersten Kaisers der Franzosen stehen sollten, so denken Sie nicht nur an Borodino und Waterloo, sondern auch an Coco. Hier ruht nicht nur ein großer Mensch, sondern auch ein Affe.

Papas Papagei

Mitten in einem Jahrhundert, dessen Literaten nichts unterlassen, um ihren Lesern die Freude am Dasein zu verleiden, verfaßte – nein, erlebte – Ernest Hemingway herrliche Abenteuer, von denen andere nur zu träumen wagten.

Noch keine neunzehn Jahre alt, erhielt er seine erste Tapferkeitsauszeichnung. Mit einem Gewehrdurchschuß und über zweihundert blutenden Wunden, die ihm eine Granate geschlagen hatte, überlebte er sein erstes kämpferisches Abenteuer nur mit knapper Not. Als er drei Monate später aus dem Lazarett entlassen wurde, meldete er sich freiwillig zur Infanterie. Er wurde beherrscht von einer leidenschaftlichen Lust, gefährlich zu leben: »Denn die wahre Freiheit beginnt dann, wenn der Mensch bereit ist, mit seinem Tod zu leben.« Im spanischen Bürgerkrieg kämpfte er an der Seite der republikanischen Armee, nachdem er ihr sein Vermögen von vierzigtausend Dollar zur Anschaffung von Medikamenten vermacht hatte. In Spanien begegnete er dem Stierkampf, der neben der Großwildjagd zur beherrschenden Leidenschaft seines Lebens wurde. »Denn der Stierkampf ist das Mittel gegen den Puritanismus, gegen die Verführung der Kirchen, dem Weg der christlichen Demut zu folgen. Wenn ein Mensch sich noch in Rebellion gegen den Tod befindet, macht es ihm Vergnügen, sich eines der gottähnlichen Attribute anzueignen: den Tod zu verursachen. Solche Dinge werden aus Stolz getan, und Stolz ist eine christliche Sünde, aber eine große heidnische Tugend.« Für diese Tugend lebte er.

Seine Romanhelden, seine Großwildjäger und Stierkämpfer, seine Fischer und Fallensteller, seine

Boxer und Soldaten sind so lebendig, weil er ihr Leben lebte.

Am 2. Juli 1961, kurz vor seinem zweiundsechzigsten Geburtstag, schoß er sich eine Kugel durch den Kopf. Seine Ehegefährtin sprach von einem Jagdunfall. Man glaubte ihr nicht. Die Zeitungen in aller Welt schrieben: »Ein erfahrener Kämpfer und Großwildjäger wie Hemingway erschießt sich nicht aus Versehen beim Reinigen seiner Doppelflinte.« Natürlich hatten sie recht. Was mich jedoch verblüffte, war die Tatsache, daß Hemingway keinen Abschiedsbrief hinterlassen hatte. Niemand schien sich darüber zu wundern, daß ein Mann, der das Schreiben zur Leidenschaft seiner Existenz gemacht hatte, freiwillig aus dem Leben schied, ohne eine Zeile des Abschieds zu hinterlassen. Warum ist dieser große Erzähler so stumm von uns gegangen? War es am Ende doch ein Unfall? Oder war es gar Mord?

Verfolgen wir seine letzten Lebenstage.

Ende November 1960 kam Hemingway zum erstenmal in die Mayo-Klinik in Minnesota. Er fühlte sich elend. Erst nach zwei Monaten wurde er nach Hause geschickt. Kaum ein Vierteljahr später wurde er schon wieder eingeliefert. Er litt unter hohem Blutdruck und Diabetes. Am 28. Juni wurde er in »guter Verfassung« entlassen. Er ging nach Ketchum, wo er in den Bergen eine Ranch besaß.

Vier Tage später war er tot.

Der Wochenzeitung ›Times‹ zufolge, die sehr sorgfältig recherchierte, war der letzte Abend so heiter und unbeschwert verlaufen wie der ganze letzte Tag. Mr. Atkinson, ein Nachbar, der noch am späten Nachmittag mit Hemingway sprach, will keinerlei Anzeichen einer Depression bemerkt haben. Hemingways Frau Mary erinnerte sich, daß ihr nach dem Abendessen plötzlich ein italienisches Lied eingefallen sei. Sie habe es Ernest vorgesungen, und er habe den Schluß sogar mitgesummt: *Mama, sono tanto felice.*

Am darauffolgenden Tag, kurz nach Sonnenaufgang – seine Frau schlief noch –, ging er nach unten, nahm sein Lieblingsgewehr, eine speziell für ihn angefertigte silberbeschlagene Doppelflinte. Er lud die zwei Läufe, steckte sie sich in den Mund und drückte beide Abzüge gleichzeitig ab. So heißt es in dem offiziellen Polizeibericht. Die Explosion riß ihm den Kopf fast vollständig weg.

Außer Mrs. Hemingway, dem herbeigerufenen Nachbarn Mr. Atkinson, dem Sheriff und dem Arzt wurde niemand zu dem Toten hineingelassen.

Vier Tage später wurde er auf dem kleinen Friedhof von Ketchum mit Blick auf die Berge beerdigt. »Niemand«, so schrieb ›Life‹, »wird jemals die geheimen Beweggründe seines gewaltsamen Todes erfahren.«

Falls Sie jemals an die italienische Riviera fahren, so sollten Sie auf jeden Fall Alassio besuchen. Goethe war hier, Lord Byron und Ernest Hemingway.

1948 kam er zum erstenmal. Es war Liebe auf den ersten Blick. Immer wieder zog es ihn hierher. »Nirgendwo bin ich so glücklich wie hier«, schrieb er in einem Brief an seine Frau. Er liebte die leuchtendblaue Bucht zwischen den olivgrünen Hügeln mit dem römischen Amphitheater, die verwinkelten Gassen der Altstadt, die Fischer, die am Strand ihre Netze flickten, vor allem aber liebte er das ›Café Roma‹. Er verhalf dem ehemals bescheidenen Café zu Ruhm und Ehre. Heute ist das ›Roma‹ das meistbesuchte und eleganteste Café der Stadt. Die Straße, an der es liegt, hat man nach Ernest Hemingway benannt – mit Recht, denn hier fühlte er sich zu Hause. Papas große Liebe zu Alassio lag jedoch nicht nur in der Landschaft begründet. Wie häufig bei Verliebten kam noch etwas anderes Berauschendes hinzu, und das waren einige Kisten uralten schottischen Whiskys, die die Familie Berrino, die Besitzer des Cafés, über die Kriegswirren gerettet hatten. Hemingway, der ein großer Whisky-Kenner war, fand diesen edlen Tropfen so vorzüglich, daß er den ganzen Bestand sofort aufkaufen wollte. Obwohl er einen fürstlichen Betrag bot, war Signore Berrino weise genug, das verlockende Angebot abzulehnen.

Er versprach, den Whisky für Papa Hemingway zu reservieren, aber er müsse hier an Ort und Stelle getrunken werden. Gibt es einen vollendeteren Ort für diesen edlen Tropfen als Alassio? Hemingway akzeptierte den Handel. Was blieb ihm anderes übrig? Als Stellvertreter und Whisky-Wächter, als Pfand, daß er wiederkehren werde, ließ er seinen Papagei ›Pedrito‹ zurück. Papa Hemingway liebte seinen Papagei; mehr noch liebte er jedoch den Whisky.

Als man ihn nach der Verleihung des Nobelpreises fragte, was er mit dem Geld anstellen werde, antwortete er: »Ich werde damit meine Saufschulden bezahlen.« Es war eine ehrliche Antwort. Einige Zeitungen regten sich darüber auf. Sie verglichen Hemingway mit Albert Schweitzer, der im gleichen Jahr den Friedensnobelpreis erhalten hatte und sein Geld für den Ausbau seines Urwaldhospitals Lambarene verwenden wollte.

Hemingways Lambarene war der Whisky von Alassio. Wann immer er Zeit fand, kam er hierher, insgesamt zwölfmal. Dann saß er auf der Terrasse, schaute aufs Meer hinaus und trank seinen schottischen Whisky, der wie eine treue Geliebte auf ihn wartete. »There is no better self-destruction«, pflegte er zu sagen. Es gibt keine schönere Art, Selbstmord zu begehen.

Im Juli 1925 hatte Hemingway in einem Gespräch F. Scott Fitzgerald seine Vorstellung vom Paradies erklärt: »Eine Stierkampfarena, in der jederzeit zwei gute Plätze für mich reserviert sind; ein Forellenfluß, mir allein zum Angeln vorbehalten, und eine Flasche alten schottischen Whisky, immer voll und griffbereit.«

Als ich nach Alassio kam, war Hemingway seit zwanzig Jahren tot. Die Sommersaison war vorüber. Bougainvilleas und Oleander blühten noch. In den Gärten reiften blaue Burgundertrauben. Der Wind, der vom Land zum Meer wehte, roch nach Oregano und Salbei, nach Pinien und Eukalyptus. Nur die Reklameschilder in den Fenstern der Trattorias und Ristorantes BIER VOM FASS, EISBEIN UND SAUERKRAUT, BILDZEITUNG verrieten, daß jetzt jährlich eine Viertelmillion Touristen den Ort wie eine sommerliche Sturmflut überschwemmten.

Ich erlebte Alassio so einsam, wie Hemingway es noch erlebt haben mag. Das ›Café Roma‹ war fast leer. Ich mietete das Zimmer, in dem er einst gewohnt hatte. Später lernte ich den alten Signore Berrino kennen. Er machte mich mit Pedrito bekannt. Grüngefiedert hockte der Papagei in seinem Käfig auf der Stange und beäugte mich mit schräggelegtem Kopf.

»Er ist fünfunddreißig Jahre alt«, sagte der Kellner, der mich bediente. »Das ist kein Alter für einen Papagei. Er kann leicht doppelt so alt werden.«

Der alte Berrino erinnerte sich, daß Pedrito mit Vorliebe schottischen Whisky aus dem Glas seines Herrn schlürfte. »Sie waren ein verrücktes Paar, der Papa und sein Papagei.«

Ich lernte Roberto kennen, einen zahnlosen Fischer, der mit Hemingway ein paarmal hinausgerudert war, um zu angeln. Roberto erzählte: »Er war ein großer Mann, breitschultrig, mit Nickelbrille und weißem Stoppelbart. Seine Freunde nannten ihn ›Papa‹, und das taten die Fischer auch. Sie waren seine Freunde. Papa sprach nicht viel, aber er verstand etwas vom Fischen. Er freute sich wie ein Kind, wenn wir einen Fisch an der Leine hatten. Damals gab es noch große Zackenbarsche in der Bucht. Wir haben immer etwas gefangen. Er war ein Glückspilz, einer, der nie mit leeren Händen nach Hause kommt.«

Später saß ich auf der Terrasse vor dem ›Café Roma‹. Die Sonne versank hinter den Bergen. Im Nachbarhaus sang ein Junge zur Gitarre. Ich spürte die Weite des herbstlichen Himmels und genoß den Charme der ligurischen Mittelmeerküste, den Hemingway so geliebt hatte.

Je mehr ich mich mit seinem Schicksal befaßte, um so bewußter wurde mir, daß dieser Ort eine ganz besondere Rolle im Leben des großen alten Mannes gespielt hatte. Ich ahnte, daß der Schlüssel zu dem Geheimnis seines Todes hier zu finden war.

Wir saßen zu dritt auf der nächtlichen Terrasse: der alte Berrino, Pedrito und ich. Wir tranken schottischen Whisky, nicht den alten edlen Tropfen, für den Papa so geschwärmt hatte. Den gab es schon lange nicht mehr. Berrino erzählte von der guten alten Zeit. Wir hatten schon kräftig zugelangt, auch Pedrito, als er plötzlich auf meine Schulter kletterte und zu singen begann, nicht wie ein Vogel, nein, er sang wie ein Mensch.

»Hören Sie«, flüsterte der alte Berrino, »er singt sein Lied. Es war sein Lieblingslied. Der Gitarrenspieler mußte es immer wieder singen, jeden Abend mehrmals. *Mama, sono tanto felice.* Hören Sie.«
Und mit einem Mal wußte ich, warum Hemingway gestorben war. Ich erkannte die geheimen Beweggründe seines gewaltsamen Todes. Sein Papagei hatte sie mir verraten. Die Handlung lief vor meinen Augen ab wie ein Film.

Ich sah Hemingway, wie er aus der Mayo-Klinik entlassen wurde. Die Ärzte hatten ihm klargemacht, daß er sein Leben von Grund auf ändern müsse. Viele von uns geraten irgendwann einmal in diese Situation. Für ihn aber, der so lebte, wie er schrieb, und so schrieb, wie er lebte, war es das Ende. Er hatte viele schwere Verwundungen überlebt und hätte sich vielleicht auch von diesem Schicksalsschlag erholt, wenn Mary dieses Lied nicht gesungen hätte, dieses Lied aus dem verlorenen Paradies: *Mama, sono tanto felice.*

Die Melodie weckte alle alten Erinnerungen. In dieser Nacht begegnete er noch einmal den Helden seiner Geschichten, Männern, die lieber starben als verkleinert weiter zu leben. In Gedanken kehrte er noch einmal nach Alassio zurück, um Kraft zu tanken und Whisky, was für ihn dasselbe war.

Am anderen Morgen erschoß er sich.

Die Bretonen glauben, daß es Lieder gibt, mit denen man Menschen in den Tod singen kann. Solch ein Lied war das Lied von Alassio. Der Papagei Pedrito singt es noch heute im ›Café Roma‹ beim schottischen Whisky.

Die Schweine von Marsala

Vor dem westsizilianischen Kap San Teodoro zwischen Trapani und Marsala wurde Ende der siebziger Jahre ein fünfunddreißig Meter langes Holzschiff auf dem Meeresboden entdeckt. Es handelte sich um eine phönizische Triere aus der Zeit der Punischen Kriege, ein Schlachtschiff mit drei übereinanderliegenden Ruderdecks.

Wir kennen diese Kriegsschiffe aus alten römischen Berichten. Aber noch niemals hatten die Archäologen solch eine Triere ausgegraben. Marsala liegt am Ende der Welt, und die Sizilianer sind ein armes Volk. Sie haben für ihren kostbaren Fund weder ein attraktives Museum errichtet noch werbewirksam Reklame gemacht. Ich stieß rein zufällig darauf, als ich vorletzten Herbst meinen Urlaub dort verbrachte. Ein Fischer erzählte mir, der japanische Kronprinz Akihito sei von Tokio hergereist, um das alte Schiff mit eigenen Augen zu betrachten.

Bei allen archäologischen Funden interessieren uns nicht so sehr die gefundenen Gegenstände als vielmehr die Menschen, die ihnen vor langer Zeit Gestalt verliehen haben. Troja und die Pyramiden sind im Grunde nur große Trümmerhaufen, aber welche Kraft geht von ihnen aus, wenn wir an ihre altehrwürdige Geschichte denken, an ihre Könige und Helden.

Ähnlich erging es mir auch hier. Schon bald interessierten mich Menschen und Fracht mehr als die kunstvoll zusammengefügten Planken. Ich ging täglich eine Stunde zu dem Schiff, um in ihm zu lesen: Wie ein offenes Buch lag es da. Es gab Goldmünzen und eiserne Ketten, an die die achtundsechzig Rudersklaven angeschmiedet waren, als sie mit ihrem Schiff untergingen. Ihre verblichenen Knochen kündeten noch von der Katastrophe. Da gab es Perlen, Tonscherben und immer wieder Knochen, von denen einige mein Interesse ganz besonders erregten. Man hatte sie einwandfrei als Kadaverreste von zwei Schweinen identifiziert. Niemand schien sich darüber zu wundern, aber Sie müssen wissen, daß die Phönizier Semiten waren und grundsätzlich kein Schweinefleisch aßen. Wozu also hatten sie auf ihrem engen Schiff zwei Schweine an Bord?

Diese Frage ließ mich nicht mehr los. Ich spürte instinktiv, daß ich einem Geheimnis auf der Spur war. Ich erinnerte mich an eine Forschungsstudie des Max-Planck-Instituts, die sich mit dem Orientierungsvermögen von Tieren befaßte. Versuchsschweine, die man ins Meer wirft, schwimmen auf kürzestem Weg der nächsten Küste entgegen. Eine ganze Serie von Versuchen habe diese seltsame Begabung bestätigt, ohne daß man eine plausible Erklärung dafür gefunden habe.

Je länger ich mich mit der Angelegenheit befaßte, um so mehr erging es mir wie Darwin nach seiner Landung auf den Galapagos. Ich erkannte Zusammenhänge, die ich niemals vermutet hätte. Stück für Stück fügte sich das geheimnisvolle Puzzle zu einem Bild.

Die Phönizier waren das erste Volk, das die Weltmeere beherrschte. Man hat diese stolze seefahrende

Nation zu Recht mit den Engländern verglichen. Phönizische Schiffe haben bereits unter Hanno das Kap der Guten Hoffnung umfahren. Vieles spricht dafür, daß sie auch die amerikanischen Küsten erreichten. Im Gegensatz zu Kolumbus haben sie sich jedoch mit ihren Landentdeckungen nicht gebrüstet, denn alle neuen Schiffahrtswege galten als Staatsgeheimnis, um die internationale Konkurrenz auszuschalten. Mit jedem Schiff aber fuhren ein oder mehrere Lotsenschweine hinaus, lebende Kompasse. Ihre hölzernen Käfige standen auf dem erhöhten Heck. Bei Kampfhandlungen wurden sie unter Deck gebracht, wo man auch die Knochen gefunden hatte. Noch heute heißt dieser tiefste Teil des Schiffes, wo der Mast endet, ›Kielschwein‹. Eine Mannschaft, die ihr Lotsenschwein verlor, war wie ein Flieger ohne Fallschirm.

»Kein Schwein haben«, im Sinne von »kein Glück haben« ist eine Redensart, die wir noch heute gebrauchen, ohne zu wissen, woher sie stammt. Das gilt auch für das ›Glücksschwein‹. Beide sind phönizischen Ursprungs. Und da es kaum etwas Konservativeres und Traditionsbewußteres gibt als die Seefahrt, haben sich viele Hinweise auf die phönizischen Lotsenschweine bis in die Gegenwart hinein gehalten. Warum hat man jene kleinen Nager, die von Seeleuten aus Guinea nach Europa gebracht wurden ›Meerschweine‹ genannt? Sie gehören zur Gruppe der Nagetiere. Sie sind mit den Ratten und Hasen verwandt und haben schon ihrer anatomischen Kleinheit wegen nicht die geringste Ähnlichkeit mit einem Schwein. Trotzdem hat man sie auch in anderen Sprachen so benannt. Im Englischen heißen sie *guinea pig*, ›Guinea-Schwein‹. Lag es daran, daß diese Tiere von Seeleuten mitgebracht wurden und daß man instinktsicher Tierhaltung auf Schiffen mit Schweinen in Zusammenhang brachte?

Warum essen Juden und Moslems kein Schweinefleisch? Die Antwort ist einfach: Ihre heiligen Schriften verbieten es ihnen.

Aber – und nun wird es schon schwieriger – warum verbieten sie es? Die häufigste Antwort auf diese Frage lautet: Weil Schweinefleisch für das Wüstenklima zu fett ist oder weil Schweine Trichinen haben. Vermutlich – so argumentiert man – sind immer wieder Menschen nach dem Genuß von Schweinefleisch erkrankt. Und weil man noch nichts von Trichinen wußte, so erklärte man das Schwein für unrein und ungenießbar.

Dieses allgemein verbreitete Argument entbehrt jeder logischen Grundlage und ist – wie sich leicht beweisen läßt – falsch. Auch Kamele können von Trichinen befallen werden. Trotzdem gelten sie nicht nur nicht als unrein, sondern als Allahs besondere Günstlinge. Die Araber sagen: »Der Mensch kennt neunundneunzig Namen für den Allmächtigen, den hundertsten aber kennt nur das Kamel.« Und was das Fett anbelangt, so gibt es kaum etwas Fetteres als Breitschwanzschafe, und die werden, wie die Kamele auch, ohne Bedenken von allen Semiten und Moslems verspeist.

Schweine seien unrein, weil sie alles fräßen, heißt es. Mag sein, das gilt aber in noch stärkerem Maße für die arabische Ziege, die sogar Müll, Kot und leere Zementsäcke frißt.

Schweine seien unappetitlich, behaupten andere. Warum essen aber dann die Gläubigen so unappetitliche Dinge wie Hammelhoden und Schafsaugen?

Ein Saudi belehrte mich, daß ein Moslem keine Tiere essen dürfe, die andere Tiere fräßen. Stimmt auch nicht, denn alle Gläubigen essen Fische, die von anderen Fischen leben. Die Gründe liegen tiefer.

Verweilen wir einen Augenblick bei dem Begriff ›unrein‹. Laut Koran gelten als unrein: Hunde, Schweine, Christen, Kamelschweiß, menstruierende Frauen, Kot und Urin.

Unrein heißt nicht schlecht oder ungesund, sondern tabu. Wir Nordeuropäer haben ein ähnliches Verhältnis zum Pferd. Wir essen kein Pferdefleisch, nicht weil wir keine Pferde mögen, sondern weil wir seit vielen Jahrhunderten ein besonders inniges Verhältnis zum Pferd haben. Es war Wotan geweiht und allen germanischen Stämmen heilig. Sein Fleisch zu essen galt als Sakrileg, schlimmer: als Kannibalismus. Das ist der Grund, weshalb wir keine Pferdefleischesser sind, denn nichts ist dem Menschen so tief eingeprägt wie seine religiösen Tabus. Sie leben auch dann noch unterschwellig weiter, wenn man ihren Sinn längst vergessen hat. Ähnlich verhält es sich mit dem Schwein im Vorderen Orient. Bei den Knochenfunden von Marsala handelt es sich – wie die Beckenknochen klar bezeugen – um die sterblichen Überreste von weiblichen Schweinen. Das könnte natürlich Zufall sein, ist es aber nicht. Am Beispiel von Brieftauben und Blindenhunden läßt sich überzeugend nachweisen, daß weibliche Tiere über ein ausgeprägteres Orientierungsvermögen verfügen. Hinzu kommen kultisch-religiöse Faktoren, die bewirkten, daß die phönizischen Lotsenschweine grundsätzlich Säue waren. Damit ergab sich eines der ältesten Probleme der Menschheit: Die Lotsensau war das einzige weibliche Wesen an Bord, da die Mannschaft – wie der Name schon sagt – rein männlich war. Das Altertum sah im Intimverkehr mit Tieren durchaus nichts Abartiges. Leda trieb es mit dem Schwan, Europa mit einem Stier und die Sterblichen verkehrten mit Eseln und Stuten.

Damit aber kommen wir zum Kern der Sache. Die Bordsäue waren nicht nur Helfer bei Seenot, sondern auch und vor allem bei sexueller Not. ›Schweinereien‹ waren in der phönizischen Seefahrt an der Tagesordnung. Haben Sie schon mal darüber nachgedacht, warum man alle sexuellen Abweichungen von der geltenden Norm mit Schweinerei bezeichnet? Warum gerade das Schwein?

Das Schwein ist schon wegen seiner Beleibtheit nicht sonderlich sexuell aktiv, geschweige denn attraktiv. Da bringen es Füchse, Hähne oder Hirsche zu ganz anderen Leistungen. Die Antwort liegt wieder beim phönizischen Lotsenschwein. Wenn ihre Säue nachts im Schlaf quiekten, so erschien das den Männern wie Sirenengesang.

Wir kennen alle die Sage von der Zauberin Kirke, die Odysseus' Gefährten in Eber verwandelte. Warum verzauberte diese schöne Frau die Seeleute in Schweine? Kann es nicht sein, daß sie selbst ein Schwein war, ein phönizisches Lotsenschwein, von dem wir sogar den Namen kennen?

Wen wundert es noch, daß man diese ach so unentbehrlichen säuischen Schutzengel dem menschlichen Recht unterstellte. Schlachtung und Verzehr wurden zu sträflichem Kannibalismus erklärt. Und so wie die Ägypter ihre göttlichen Katzen mit Gold und Lapislazuli überhäuften, so legten die phönizischen Seemänner ihren geliebten Säuen – wie kann es anders sein – die Schätze des Meeres zu Füßen. Sie opferten Perlen. Dieses später von den Römern verächtlich gemachte Ritual hat sich bis in die Gegenwart in unserem Sprachgebrauch erhalten, wenn wir sagen: »Perlen vor die Säue werfen«.

Die heftige Abneigung der Völker des Alten Testamentes vor totem Schweinefleisch entspringt in Wahrheit einer heftigen Zuneigung zu lebendigem Schweinefleisch. Das ist das Geheimnis der phönizischen Lotsenschweine von Marsala.

Erst durch das Schwein gelang dem Menschen die Loslösung vom Festland. Der Weg vom Einbaum zum hochseetüchtigen Vollschiff ist der Weg von der Steinzeit zur Neuzeit. Am Anfang der neuen Ära aber steht das Schwein. So wie die Evolutionsgeschichte nicht um den Affen herumkommt, so wird auch unsere Kulturgeschichte in Zukunft nicht mehr um das Schwein herumkommen. Wir stehen erst am Anfang, aber schon heute steht fest: Unsere Geschichte ist nicht nur das Produkt von Propheten und Königen, nein, hier waren von Anfang an auch Schweine am Werk.

Lassen Sie mich meine Ausführungen mit einer Ode beenden:

Schau ich in die tiefste Ferne
Der Vergangenheit hinab,
Steigt mit Abraham und Moses
Auch ein Schwein aus seinem Grab.
Mit den treuen blauen Augen
Blickt es wieder auf zu mir,
Und mir ist's als hört ich's raunen:
»Ach, wie schweinisch lieb ich dir.«

Luthers Floh

Ein unbekannter Mönch aus dem sechzehnten Jahrhundert, der ein Manuskript Luthers abschrieb, entdeckte zwischen den handgeschriebenen Blättern des Meisters einen toten Floh, von dem er annahm, daß Luther ihn persönlich zur Strecke gebracht habe. Er nahm den ungewöhnlichen Fund, leimte ihn behutsam auf ein Blatt Pergament und schrieb darunter: »Floh, gefunden in Luthers Kollegienheft über die Propheten vom Jahr 1524/25 auf der Seite, welche am 5. April 1525 beschrieben wurde.«

Abschrift und Floh gerieten in den Dachspeicher des Klosters und damit in Vergessenheit. Erst zum Lutherjahr 1983 wurde das inzwischen mumifizierte Insekt bei einer gründlichen Aktensichtung in der Altenburger Außenstelle des Staatsarchives Weimar wiederentdeckt.

Als ich davon erfuhr, war mir sofort klar, daß es sich hier um einen Jahrhundertfund handelte, nur zu vergleichen mit der Wiederentdeckung Trojas durch Heinrich Schliemann. Wenn der Floh wirklich eigenhändig von Luther erledigt worden war – woran ich nicht zweifelte –, so besaß die protestantische Christenheit mit ihm eine Reliquie von unschätzbarem Wert. Flöhe sind ja bekanntlich so klein, daß man nur Notiz von ihnen nimmt, wenn sie beißen. Das heißt, das kleine blutrünstige Biest hatte noch unmittelbar vor seinem Ableben den Saugstachel in den Reformator gebohrt. Der Floh enthielt wirklich und wahrhaftig einen Tropfen Blut von Martin Luther. Der Floh war die einzige authentische Blutreliquie der Reformation!

Mit Unterstützung des Weltkirchenrates und des Auswärtigen Amtes der Vereinigten Staaten von Amerika erhielten vier westliche Wissenschaftler die

Sondergenehmigung der DDR, den Floh zu untersuchen. Ich war einer von ihnen. Wir reisten nach Ostberlin, wo der Floh in einem Tresor des Ministeriums für Staatssicherheit lagerte.

Zunächst einmal ging es uns darum, den Nachweis zu erbringen, daß es sich um einen authentischen Luther-Floh handelte. Dank der Genauigkeit des Mönch-Schreibers stand fest, daß der Floh am 5. April 1525 erledigt worden war. 1525 war für Luther ein ganz besonderes Jahr. Er stand im Zenit seiner Schaffenskraft. In seinen Schriften und in seiner Lebensführung vollzog er die endgültige Ablösung vom Mittelalter. Es war die Zeit der Bauernkriege und das Jahr seiner Vermählung mit Katharina von Bora. Mit ›De servo arbitrio‹ verfaßte er sein theologisch bedeutsamstes Buch. Auch körperlich war Luther in schwergewichtiger Hochform. Er war jetzt zweiundvierzig Jahre alt, frisch verheiratet und von unstillbarer Freß- und Verdauungswut, was sich deutlich in seinen Reden widerspiegelt. Er predigte den Bauern: »Wahrlich, es wird dich nicht zu einem Christen machen, daß du die Obrigkeit verachtest, dich voll und toll frissest und säufst.« Und über die Fürsten wetterte er: »Jetzt vergessen sie Gottes, der sie dazumal errettet, da sie doch so schändlich in die Hosen schissen, daß es noch stinkt, wo ein Scharrhans gehet oder stehet.« Am 5. April, am Vorabend seiner Reise in die Unruhegebiete Sachsens und Thüringens, gab Luther in seinem Haus ein Essen. Da im Jahre 1525 der 5. April in die Karwoche fiel, gab es Fisch, genauer gesagt Karpfen. Aus einem Brief von Philipp Melanchthon wissen wir, daß Spiegelkarpfen, in Wurzelsud gekocht, zu Luthers Leibspeisen gehörten. Bei richtiger Zubereitung mit einer dicken Soße aus Bockbier und geriebenem Lebkuchen entwickelte der Reformator einen Robbenappetit. Bis zu vier Karpfen pro Mahlzeit schaffte er. Es sollen auch schon mal sieben gewesen sein.

Der Untersuchungsbefund des Blutes – Blutgruppe 0, Rhesusfaktor positiv – zeigte in der Tat stark erhöhte Werte der Eicosapentaensäure. Zum allgemeinen besseren Verständnis möchte ich hier kurz erklären, daß nach einer überwiegenden Fischdiät die Thrombozyten ein vermindertes Aggregationsverhalten der Blutplättchen auf Collagen aufweisen. Der Eicosapentaensäuregehalt steigt. Der Träger des von uns untersuchten Blutes hatte eine überdurchschnittlich große Menge Fisch zu sich genommen. Die Wertskala lag an der oberen Grenze bei Ergebnissen, wie man sie sonst nur bei Eskimos antrifft. Damit stand fest, daß es sich um Martin Luther handelte. Der Hypophysenmittellappen pathologisch fetter Meerschweine enthält ein Hormon, das die Insulinfreisetzung stimuliert. Dieses sogenannte β-Zelltropin konnte im Plasma des dehydrierten Blutes einwandfrei stark erhöht nachgewiesen werden. Luther litt, wie seine Portraits bezeugen, unter Fettsucht und chronischer Verstopfung. Sein bekannter Ausspruch »Aus einem verzagten Arsch kommt kein fröhlicher Furz« erhält unter diesem Aspekt eine neue realistische Bedeutung, mit der sich die Luther-Forschung noch ausgiebig wird befassen müssen. Auch Luthers Tischspruch »Warum rülpset und furzet Ihr nicht, hat es Euch nicht geschmecket?« bestätigt nur unsere Untersuchungsergebnisse. Jeder, der selber einmal stark verstopft war, weiß, was für eine Erleichterung das Ablassen der Winde bedeutet.

Wenn immer wieder betont wird, daß der Ablaß beim Zustandekommen der Reformation eine zentrale Rolle gespielt habe, so ist das zweifellos richtig, sowohl in religionspolitischem Sinne als auch in internistischem. Luther litt unter einem Ablaßtrauma.

Die moderne Psychologie lehrt, daß das Böse seinen Sitz im Bewußtsein habe, das heißt im Kopf. Luther glaubte, daß man den Teufel im Leibe hätte, im Darm. Er konnte sich dabei, wie in allem, auf das Neue Testament berufen, wo nach der mißglückten Versuchung Christi der Satan in die Säue fuhr, die sich daraufhin vor Bauchschmerzen ins Meer stürzten. Luther, von dem der Papst sagte »Eine Wildsau ist in unseren Weingarten eingebrochen«, fühlte sich wie eine jener armen Säue mit dem Teufel im Leib. Er stürzte sich jedoch nicht ins Meer, sondern nach alter deutscher Art in die Arbeit, schlug Thesen an die Kirchentür oder schleuderte Tintenfässer gegen die Wände, wenn es der Leibhaftige (eine sehr aufschlußreiche Luther-Übersetzung für den Teufel) allzu toll in ihm trieb.

Und er, der sich nach nichts so sehr sehnte wie nach einem befreienden Schiß, sublimierte diesen nicht ausgelebten Fäkalientrieb zu hohen ethischen Begriffen wie ›Schisma‹ und ›Katechismus‹.

Luther hatte eine seltsam intime Beziehung zu seinem Darm. Die Briefe an seine Eltern sind voll von detaillierten Berichten über seinen Stuhlgang und seine ständigen Blähungen, die er sogar im Kampf gegen den Bösen erfolgreich einsetzte. So prahlte er damit, daß er den Teufel »mit einem einzigen Furz« verjagen könne. Vermutlich läßt sich sogar sein entscheidendes Schlüsselerlebnis auf diese enorme Knallkraft zurückführen. Auf dem Weg von Mansfeld nach Erfurt geriet der junge Luther in ein Gewitter. Dabei erlebte er einen Donnerschlag »so dicht am Leibe«, daß er in höchster Not das Gelübde ablegte, ein Mönch zu werden.

Zahllos sind seine Vergleiche, die sich aufs Essen

und Verdauen beziehen. So heißt es in dem bekanntesten Kirchenlied ›Ein feste Burg ist unser Gott‹: »Und wenn die Welt voll Teufel wär und wollt uns gar verschlingen.«

Auch in der Sexualität hielt er das fleischige Hinterteil einer Frau begehrenswerter als ihren Busen. Sein weibliches Ideal umriß er mit den Worten: »Breite Hüften und ein beachtliches Fundament, um darauf zu sitzen.«

Immer wieder wird von Theologen beider Konfessionen die Frage aufgeworfen, woher Luther neben seiner umfangreichen reformatorischen Tätigkeit noch die Zeit für seine zahlreichen Schriften und vor allem für die Übersetzung der Bibel ins Hochdeutsche genommen habe. Auch hier liegt des Rätsels Lösung in Luthers Hartleibigkeit. Schon der römische Dichter Juvenal vertrat die Ansicht, daß schwerfällige Darmtätigkeit der Dichtung förderlich sei. Ohne Zweifel verdanken wir die schönsten Psalmen dem Plumpsklo der Wartburg, wo der Junker Jörg in langen nächtlichen Sitzungen mit der Materie rang.

Chronische Verstopfung bewirkt, daß den davon Befallenen das Sitzen schwerfällt, daß sie – wie übrigens auch Luther – lieber an Stehpulten als an Schreibtischen arbeiten. Vielleicht kommt auch dem berühmten Ausspruch vor dem Reichstag in Worms

»Hier stehe ich, ich kann nicht anders« eine ganz andere Bedeutung zu, als man bisher angenommen hat.

Die Untersuchungen an dem Altenburger Floh sind noch nicht abgeschlossen, aber schon heute läßt sich konstatieren: Die Reformation war eine Auseinandersetzung zwischen dem Stuhl Petri und dem Stuhl Luthers. Luthers Stuhl blieb hart, der Heilige Stuhl blieb es auch, und so kam es, wie es kommen mußte.

Die Geschichte des Abendlandes hätte einen anderen Verlauf genommen, hätte Luther seine Küche reformiert anstatt seine Kirche.

Die viktorianische Panne

Bei den Wörtern ›Kaiser‹ und ›König‹ denken wir
gern an bärtige Männer, die in längst vergangenen
Zeiten regiert haben, wie etwa Karl der Große.
Diese Vorstellung ist falsch. Der mächtigste Kaiser
und König der Welt hat noch in unserem Jahrhundert regiert, und er war kein bärtiger Mann, sondern
eine kleine dicke Frau.

Königin Viktoria von England prägte ein ganzes Jahrhundert. Sie beeinflußte es so sehr, daß man ihre Regierungszeit noch heute ›die Viktorianische Ära‹ nennt. Weder zuvor noch danach war Großbritannien so mächtig und so reich. Die heutigen Großmächte, Amerika, Rußland, China, waren verschlafene Provinzen im Abseits der Geschichte. Queen Victoria war Kaiserin von Indien und gekrönte Herrscherin über Australien, Kanada, einen Teil Chinas und den größten Teil Afrikas. Als sie 1901 starb, waren ein Drittel aller Menschen auf dieser Erde ihre Untertanen.

Wer war diese Königin aller Könige?

Victoria Alexandrina wurde am 24. Mai 1819 als Enkelin König Georgs III. geboren. Achtzehnjährig wurde sie gekrönt. Warum gerade sie? Hatte König Georg nicht sieben Söhne und fünf Töchter? Das ist richtig, aber bis auf Viktoria gab es unter den sieben Söhnen und den fünf Töchtern nicht ein einziges legitimes Kind, das berechtigt gewesen wäre, den Thron zu besteigen.

Als erste Amtshandlung nach der glanzvollen Krönung wurde das Bett der jungen Königin aus dem Schlafzimmer ihrer Mutter in ein eigenes Gemach getragen. Mit ängstlicher Stimme fragte sie: »Soll ich wirklich ganz alleine schlafen?« Man nannte sie ›das Kind auf dem Thron‹. Wie viele Mädchen ihres Alters vertraute sie ihre geheimen Wünsche und Ängste einem Tagebuch an. Nach der Krönung schrieb sie: »Ich bin sehr jung und in vielen Dingen unerfahren. Ich bin aber sicher, daß nur wenige Menschen mehr guten Willens sind, das Richtige zu tun, als ich.«

Die Regierungsgeschäfte überließ sie ihrem liberalen Premierminister Lord Melbourne. Damit war sie die täglichen Sorgen los. Doch die Einsamkeit der »schrecklich langen Nächte« blieb. Das änderte sich erst mit Prinz Albert von Sachsen-Coburg-Gotha. Es war Liebe auf den ersten Blick. Briefe wurden ausgetauscht. Endlich, 1840, wurde die ersehnte Hochzeit mit königlichem Pomp begangen. Es war eine Liebesheirat und wurde eine vorbildliche Ehe. Albert war von beiden die stärkere Persönlichkeit. Viktoria unterwarf sich ihm, wie es die bürgerliche Moral von einer guten Ehefrau verlangte. Gemeinsam studierten sie Regierungsbeschlüsse und Gesetzesentwürfe, lasen die täglichen Protokolle, diskutierten Entscheidungen und fanden noch genügend Zeit, neun Kinder zu zeugen, vier Buben und fünf Mädchen. Bei einer Größe von einem Meter sechsundfünfzig wog die Königin jetzt zweihundertachtundvierzig Pfund. In den Londoner Herrenclubs fragte man sich, wie Albert es wohl fertigbringe, den majestätischen Berg zu besteigen. 1861 starb ›Prince

Consort‹, wie man Albert nannte, an einer Erkältung. Viktoria sollte ihn um vierzig Jahre überleben.

In tiefer Trauer verließ sie London und zog sich ins schottische Hochland zurück. Wenn wichtige Regierungsgeschäfte sie nach Schloß Windsor zurückriefen, so ließ sie jeden Abend die Kleidung ihres Gatten zurechtlegen. Warmes Waschwasser wurde eingelassen, Seife und Handtücher bereitgelegt. Bisweilen sprach sie mit Albert.

Sie besaß kein realistisches Verhältnis zu ihrer Umwelt. Erzogen als höhere Tochter hatte sie keine Ahnung von dem, was sich unterhalb der *middle class* ereignete. Die Lebensbedingungen der Hausangestellten und Näherinnen, der Arbeiter auf dem Land und in den Fabriken interessierten sie nicht. Die Bemühungen ihrer Geschlechtsgenossinnen um Stimmrecht und Bildung bedachte sie mit verächtlichem Spott. ›Womens' Lib‹ zählte sie zu den anstößigen Ausdrücken, die man in ihrer Gegenwart nicht nennen durfte. Ihr geistiger Horizont war eng, ihre Bildung bescheiden. Sie verstand es aber geschickt, ihre Unsicherheit mit stolzer Schroffheit zu überspielen. Wenn ihr etwas nicht behagte, oder wenn sie einer Angelegenheit nicht zu folgen vermochte, sagte sie: »We are not amused.« (Wir finden keinen Gefallen daran.) Mit dieser Redewendung war für sie das Thema erledigt. Dennoch galt sie als Idol ihrer Zeit.

Ihr Biograph Karl R. Seufert drückt das so aus: »Sie war so vollkommen eine Frau ihrer Zeit, nach den Konventionen des Jahrhunderts erzogen, daß ihre persönlichen Vorlieben und Abneigungen nahtlos mit den Strömungen und Idealen jener Jahrzehnte verschmolzen.«

Während einer Lesereise besuchte ich Coburg. Ein befreundeter Historiker zeigte mir das Schloß Ehrenburg, das Geburtshaus Prinz Alberts. Ich bewunderte das Schlafgemach der Queen Victoria, die verschiedentlich hier weilte. Wie ein prächtiger Beichtstuhl steht in der hinteren Ecke des Raumes eine Toilettenkabine, ganz aus schimmerndem Mahagoni. »1860 installiert. Das erste WC auf dem Kontinent. Direkt aus London importiert«, erklärte mir mein Begleiter. »Das Wasser wurde von Dienern mit einer Handpumpe aus dem Kellergeschoß nach oben gepumpt. Hier, sieh, hat die Queen ihre Kerze abgestellt.«

Ich stellte mir die kleine Majestät vor, wie sie nachts dort saß, befreit von allem höfischen Zeremoniell, zweieinhalb Zentner königliches Fleisch auf der Brille von Mahagoni aus Indien, dessen Kaiserin sie war.

Man zeigte mir die Lifte, die man speziell für die

Königin angefertigt hatte, da sie – kaum vierzigjährig – keine Treppe mehr steigen konnte. In einem Rollstuhl wurde sie durch die Säle und Galerien geschoben, in Kutschen gehoben und in Sänften getragen, massig und bewegungsunfähig wie eine Ameisenkönigin, und dennoch nicht ohne Würde und Größe.

»Eine Atmosphäre bewußter Macht umgibt sie, der sich niemand zu entziehen vermag. Ihre Statur ist klein, aber ihre ganze Erscheinung und Haltung ist ein Beweis dafür, wie sehr sie sich ihrer Größe und Unnahbarkeit bewußt ist«, so beschreibt sie Henry Morton nach einem Empfang im Buckingham Palast.

»Sie war ein majestätisches Monstrum«, sagte mein Freund, als wir nach der Schloßbesichtigung in einer gemütlichen Coburger Kneipe eine Flasche Wein leerten. »Sie gab einer der glänzendsten Epochen unserer Geschichte ihren Namen. Mehr als sechzig Jahre hat sie regiert. Als sie den Thron bestieg, lebten die Menschen noch wie im Mittelalter. Das Pferd war das einzige Verkehrsmittel. Am Ende ihrer Regierungszeit besaß jede englische Stadt einen Bahnhof. Wo jahrhundertelang Bauern ihr Land bestellt hatten, standen Fabriken. Straßenbeleuchtungen erhellten die Nacht. Autos bevölkerten die Boulevards. Grammophone plärrten. Die ersten

Filme flimmerten über die Leinwand. Depeschen flogen von Kontinent zu Kontinent. Technik und Wissenschaft hatten die Welt verändert wie noch nie zuvor. Großbritannien und mit ihm ganz Europa kulminierte am Firmament der Geschichte.« »Und doch«, stellte mein Freund fest, »hatte Viktoria persönlich keinen Anteil an den gewaltigen Veränderungen, die unter ihrer Regentschaft eingeleitet wurden.«

Ich mußte ihm widersprechen: »Es gibt nur wenige Herrscher, die die Welt mehr verändert haben als Queen Victoria.« Und als Beweis zitierte ich den Londoner Professor Haldane, der durchaus nicht übertreibt, wenn er behauptet: »Königin Viktoria spielte keine unbedeutende Rolle in der Herbeiführung der russischen und der spanischen Revolution. Hätte Königin Viktoria nicht die Bluterkrankheit vererbt, wäre der ganzen Geschichte ein anderer Verlauf beschieden gewesen.«

Dazu muß man wissen: Die Bluterkrankheit oder Hämophilie ist eine sehr seltene Erbkrankheit. Unter einhunderttausend Menschen findet man in Europa einen Bluter. Es handelt sich bei der Hämophilie um einen erblichen Gendefekt, an dem nur die männlichen Nachkommen erkranken. Die weiblichen vererben den tödlichen Fehler, ohne daß die Symptome der heimtückischen Krankheit bei ihnen auftreten. Bluter befinden sich ständig in Lebensgefahr. Der geringste Kratzer kann zur Verblutung führen. Selbst der Stich eines Insektes kann eine bedrohliche Dauerblutung verursachen. Ein Zahn, der gezogen werden muß, ist ein Todesurteil. Die berühmteste Erbträgerin der Bluterkrankheit ist Queen Victoria. Sie hat die Fürstengeschlechter halb Europas verpestet.

»Ich weiß«, sagte der Historiker, »aber das ist doch nicht das Verdienst der Königin Viktoria. Sie ist ein Opfer ihrer Erbmasse.«

»Richtig«, erwiderte ich, »aber wer ist das nicht? Spätestens seit Darwin wissen wir, daß der Mensch nicht nur ein Produkt seiner Umwelt, sondern vor allem auch ein Spielball der Vererbung ist. Königin Viktoria war da – wenn auch ohne ihr Zutun – noch schöpferischer als die meisten anderen Großen der Geschichte. Denn bei ihrer Zeugung wurde nicht nur Erbmasse weitergegeben, sondern es entstand etwas völlig Neues.«

»Wieso etwas völlig Neues?« fragte mein Freund, und ich fuhr fort: »Die Hämophilie ist eine Erbkrankheit. Erstaunlicherweise jedoch läßt sich die Krankheit bei den Vorfahren der Queen nicht nachweisen. Professor Haldane, der sich mit diesem Thema ausführlich befaßt hat, weist darauf hin, daß die männlichen Vorfahren Viktorias alle viel zu alt geworden sind, um als Bluter in Frage zu kommen. Wörtlich schreibt er: ›Die Gene haben daher ihren Ursprung in einer Mutation gehabt, die sich wahrscheinlich im Jahre 1818, dem Jahr der Zeugung Viktorias, im Nucleus einer Zelle in einem Hoden Eduards, des Herzogs von Kent, vollzog, und zwar als Folge eines plötzlichen Schocks.‹«

Nach dem heutigen Stand der Genforschung können wir davon ausgehen, daß es ein Kälteschock war.

Versuchen wir, die historische Situation nachzuvollziehen: Wir schreiben den 25. August 1818, neun Monate vor der Geburt Viktorias. Die späten Augusttage sind die einzig wirklich warmen Tage auf der englischen Insel. Der Herzog von Kent, soeben vom Ausritt über seine Ländereien zurückgekehrt, entledigt sich seiner Reithosen. Unbemerkt betritt die Herzogin den Ankleideraum. Ihre Blicke gleiten über sein dampfendes Gesäß. Auf nackten Sohlen schleicht sie sich hinter seinem Rücken heran. Ein rascher Griff. »O Auguste! Du hast kalte Hände. Oh!« Nur ein Augenblick, aber die Weltgeschichte nimmt von nun an einen anderen Verlauf! Throne stürzen, deren Herrscher noch nicht geboren wurden. Revolutionäre ergreifen die Macht, deren Namen noch keiner kennt. Eine neue Ära beginnt.

Die Menschen haben stets nach den Sternen ge-
griffen, nach Kronen, nach Schwertern. Niemals
aber hat ein Griff so weitreichende Folgen gehabt,
wie der Griff an den Hoden des Herzogs von Kent
am 25. August 1818.

Marx als Materie

Kein Sterblicher hat die Geschichte so nachhaltig verändert wie Karl Marx, nicht einmal Christus, der Gottessohn. Fast die Hälfte aller Menschen lebt heute in Staaten, die sich ›marxistisch‹ nennen. Und wo immer neue soziale Revolutionen aufflammen, geschieht das im Namen von Karl Marx. Ihm ist gelungen, was vor ihm kein Mächtiger erreicht hat: Er hat die ganze Erde – nein, die ganze Welt, einschließlich unseres Planetensystems – in zwei feindliche Lager gespalten, in eine kapitalistische Welt und in eine marxistische.

Aber selbst im kapitalistischen Westen spukt sein Gespenst unverkennbar umher, nicht nur in den großen kommunistischen Parteien Italiens, Griechenlands und Frankreichs, nein, auch in der Bundesrepublik sieht jeder zehnte Bundesbürger in Karl Marx sein ganz persönliches Vorbild, wie eine Umfrage 1968 zum hundertfünfzigsten Geburtstag des Weltveränderers ergab.

Gemessen an den jüngsten Wahlergebnissen dürfte diese Beliebtheitsskala inzwischen sogar noch gestiegen sein.

Das ist eine geistige Einschaltquote, vor der weniger erfolgreiche Menschheitsführer wie Jesus, Buddha, Abraham oder Mohammed vor Neid erblassen müssen. Ecce Homo! Welch ein Mensch! Ein neuer Gottessohn? Nein, viel mehr: einer, der Gott abgeschafft hat!

In einer Marx-Biographie der DDR heißt es, daß sein Hauptwerk ›Das Kapital‹ noch vor der Bibel der größte Bestseller aller Zeiten sei. Das stimmt nicht, denn ›Das Kapital‹ gehört gemeinsam mit der Bibel, den Mao-Sprüchen und ›Mein Kampf‹ zu den Büchern, die in ihrer Mehrzahl nicht verkauft werden. Entweder werden sie als Volksausgaben kostenlos verteilt oder als Prachtausgaben wie Orden verliehen. In den meisten marxistischen Haushalten der dritten Welt ist ›Das Kapital‹ das einzige Buch. Es ist dekorativer Kruzifix-Ersatz. Und das hat nichts mit dem Verstand zu tun.

Folgerichtig braucht man dieses ›Buch‹ auch nicht zu lesen, um seiner Heilsmission teilhaftig zu werden. Das ist bei uns nicht anders.

Obwohl jeder zehnte Bundesbürger in Marx so etwas wie ein Vorbild sieht, haben von diesen zehn Prozent nur jeder vierhundertachtundachtzigste ›Das Kapital‹ gelesen und davon auch nicht alles. Das ist verständlich, denn Marx mochte ›Das Kapital‹ selber nicht. Er verfluchte es wegen seiner komplizierten Thematik. Er nannte es das »Saubuch«. Von den drei geplanten Bänden erschien zu seiner Lebzeit nur einer.

Jesus ist für viele die Hoffnung auf eine bessere Existenz im Jenseits. Marx verkörpert die Hoffnung auf ein besseres Diesseits. In beiden Fällen muß man nur daran glauben. Das hat nichts mit Denken zu tun. Mit den Denkern um Marx ist es wie mit den Musikern um Wagner. Es sind hauptsächlich die Unmusikalischen, die ihn verehren.

Wenn in allen Marx-Biographien immer wieder der »ungeheure Denkgigant« und sein »titanisches

Gedankengebäude« hervorgehoben werden, so ist das ein aus Gläubigkeit heraus geborenes Klischee. Jesus war ebensowenig ein guter Schafhirte wie Marx ein tiefschürfender Denker war. Gerade durch seine Oberflächlichkeit unterscheidet er sich von allen anderen ernst zu nehmenden Philosophen. Er hat sich nie die Mühe gemacht, für seine Behauptungen stichhaltige Beweise zu erbringen. Die berühmten ›letzten Fragen‹, um die alle großen Philosophen ringen, beschäftigten ihn nicht im geringsten. Warum etwas ist und warum nicht, das interessierte ihn nicht, denn er glaubte an das Primat der Materie.

Und damit sind wir bei unserem eigentlichen Thema. Natürlich gibt es über Karl Marx Tausende von Büchern, aber sie unterliegen alle dem gleichen Irrtum. Sie versuchen Marx verstandesmäßig zu begreifen.

Damit aber begehen sie den gleichen Denkfehler wie die Gelehrten des achtzehnten und des neunzehnten Jahrhunderts, die versuchten, das Tier mit den Wertmaßstäben des Menschen zu messen, die in der Häsin eine »liebevolle Mutter« sahen und beim Löwen »königlichen Adel« entdeckten. ›Brehms Tierleben‹ ist voll von diesem Unsinn.

Noch zu Beginn unseres Jahrhunderts sah man im Kind nichts weiter als einen unreifen Erwachsenen. Die gegenwärtige Psychologie versucht, das Kind aus seiner eigenen seelischen Struktur heraus zu verstehen. Diese inzwischen allgemein anerkannte neuzeitliche Untersuchungsmethode, basierend auf den subjektiven Maßstäben des zu untersuchenden Objekts, wurde bisher noch niemals auf Karl Marx angewandt.

Lassen wir also dem Verfasser des ›Kommunistischen Manifestes‹ endlich die Gerechtigkeit zuteil werden, die man heute jedem Kind und jedem Tier angedeihen läßt. Natürlich kann es nicht in unserer Absicht liegen, auch nur annähernd den Anspruch auf Vollständigkeit zu erheben. Das überlassen wir den zahlreichen marxistischen Historikern in Ost und West. Wir wollen nur Zeichen setzen.

Die Lehre des Karl Marx beruht auf der Behauptung: Es ist nicht das Bewußtsein, das unser Sein bestimmt, sondern umgekehrt, es ist unser Sein, das unser Bewußtsein bestimmt.

Marx meint damit: Nicht der Geist formt die Materie, sondern die Materie formt den Geist. Es ist daher falsch, Marx vom Intellekt her begreifen zu wollen. Vorrang hat der Körper.

Befassen wir uns daher mit dem Körper von Karl Marx. Betrachten wir die Materie, die leiblichen Umstände des Mannes, der den dialektischen Materialismus zur Weltreligion erhoben hat.

Bereits als Zwanzigjähriger wurde Marx wegen

Tuberkuloseverdachts vom Wehrdienst ausgeschlossen. In der Aushebungsliste des Stadtkreises
Trier von 1839 heißt es, daß der Untersuchte
»wegen Brustschwäche und periodischen Blutspei-
ens« für nicht einzugsfähig erklärt worden sei. Fast
gleichzeitig stellten sich Augenentzündungen ein,
bei denen es sich um tuberkulöse oder um tuber-
kulös-allergische Erkrankungen handelte. Überhaupt scheint die Schwindsucht in der Anwalts-
familie Marx erblich gewesen zu sein. 1837 starb
zwölfjährig der Bruder Eduard daran. Vier weitere
Geschwister erlagen ebenfalls noch jung der Tuberkulose.

Im Alter von dreißig Jahren stellte sich ein Leberleiden ein, das sich vier Jahre später zu einer schweren Leberentzündung ausweitete. Hinzu kam 1857
die Gelbsucht, die ihn für längere Zeit ans Bett fes-
selte. 1859 hatte sein Gallen- und Leberleiden solche
Formen angenommen, daß er an Engels schrieb:
»Mein langes Schweigen wird dir sofort klar sein,
wenn du dir eine geschwollene Leber mit all ihrem
Zubehör versinnbildlichst. Ich habe seit ungefähr
zwölf Wochen mehr von diesem Unsinn ausgestan-
den als je zuvor. Und du glaubst nicht, wie das auf
das Morale eines Menschen einwirkt, die Dummheit
im Kopf und die Paralysis in den Gliedern, die man
fühlt.«

Seit 1852 litt Marx an Hämorrhoiden, die ihn an der Arbeit hinderten. Er klagte: »Es ist die Hölle. Die Preußischen (so nannte er bezeichnenderweise seine Hämorrhoiden) gestatten mir weder zu stehen noch zu sitzen noch zu liegen.«

Seit 1863 litt er an fürchterlichen Furunkeln, die operiert werden mußten. Das Leiden nahm solche Ausmaße an, daß der Gemarterte gezwungen war, Opium zu nehmen. In einem Brief seiner Frau an Wilhelm Liebknecht heißt es nach überstandener Operation: »Nun fingen heiße Aufschläge an, die wir jetzt seit vierzehn Tagen Tag und Nacht wie ein Uhrwerk von zwei Stunden zu zwei Stunden fortgesetzt haben... Es galt, die heruntergekommene Kraft aufrechtzuerhalten, um den furchtbaren Schmerzen und dem Aufzehren des starken Eiterabflusses Widerstand zu leisten.«

Seit 1855 litt Marx unter permanentem Husten, der ihm den Schlaf raubte und seine Leberschmerzen anstachelte. Der Arzt riet ihm dringend zu einer Luftveränderung. Marx klagte: »Ich muß hier fort, da mir auch das Hirn verdummt.«

Dieser schlimme Husten nahm solche Ausmaße an, daß im Januar 1877 eine operative Verkürzung des Zäpfchens vorgenommen wurde, ohne daß sich aber der Zustand des Patienten verbesserte. Er war ständig erkältet. Seit 1879 verschlimmerte sich sein

Halsleiden. In einem Brief an Engels klagte er: »Mein Husten wird schlimmer von Tag zu Tag, der Auswurf scheußlich, vor allem ein gewisses unangenehmes Gefühl, daß meine linke Seite ein für allemal von der Krankheit verdorben ist und mein geistiger Zustand äußerst gedrückt.«

Kuren in Südengland und ein Aufenthalt in Algier brachten keine Besserung. Immer neue Erkältungen zwangen ihn zu dauerndem Aufenthalt im Zimmer. Im Januar 1883 zog sich der Schwerkranke eine Bronchitis und eine Kehlkopfentzündung zu. Er vermochte kaum noch zu schlucken. Hinzu kamen Lungengeschwüre. Am 14. März 1883 erlöste ihn der Tod.

Die englische Sterbeurkunde nennt als Todesursache »Laryngitis«. Eine Sektion der Leiche wurde nicht vorgenommen. Heute sind sich die Ärzte darin einig, daß Marx an der Tuberkulose gestorben ist. Dafür sprechen auch die immer wieder erwähnten Augenentzündungen, die chronische Bronchitis, das Kehlkopfleiden und der lebenslange Husten mit »schrecklichem« Auswurf.

Mit der Krankengeschichte von Karl Marx ließen sich gewiß mehrere Bände füllen. Nur wenige Erfolgreiche waren so krank.

Falls Sie jetzt einwenden: Wen interessiert das schon? Was hat der Marxismus mit dem kranken

Körper von Karl Marx zu tun? Wenn Sie so fragen, so haben Sie die marxistische Lehre nicht begriffen: Es ist das Sein, das das Bewußtsein bestimmt. Die körperlichen Umstände bestimmen die geistige Verfassung.

Um Marx gerecht zu werden, müssen wir die Frage stellen: In welcher Weise hat die Materie-Marx das Bewußtsein-Marx geprägt?

Keine andere Krankheit ist so materiezerstörend wie die Tuberkulose. Im Gegensatz zum Krebs, bei dem die körperliche Materie durch zügellose Zellwucherung sogar noch zunimmt, schmilzt bei der Schwindsucht der Befallene dahin wie Eis am Feuer. Wie nur wenige Seuchen trägt die Schwindsucht ihren Namen zu Recht. Wie wir wissen, erzeugt jede Aktion eine Reaktion. Es ist eine häufig zu beobachtende Tatsache, daß übermüdete Kinder und Todkranke noch einmal hektisch aufleben, bevor der große Schlaf sie überfällt. Das gilt auch für die Geschichte. König Ludwig von Bayern hat es uns gezeigt: Die sterbenden Monarchien errichten sich die prächtigsten Schlösser.

Nicht anders verhält es sich mit dem Marxismus. Nur ein Schwindsüchtiger konnte eine so materialistische Lehre ersinnen. So wie die Kerzenflamme, die vor dem Erlöschen noch einmal aufflackert, so klammert sich der Schwindsüchtige mit jeder Faser seiner Existenz an die dahinschmelzende Materie. Nichts erscheint uns so wertvoll wie die Dinge, die wir verlieren. Das weiß jeder aus eigener Erfahrung. Der Marxismus ist so sehr ein Produkt der Schwindsucht, daß man ihn eigentlich ›Tuberkulismus‹ nennen sollte. Erst unter diesem Aspekt erklärt sich auch seine rasche weltweite Verbreitung.

Nicht »große Männer machen Geschichte«, wie Carlyle glaubte, sondern kleine Bakterien und Viren. Auch die europäische Neuzeit beginnt mit dem Ausbruch der Pest. Winzige Gendefekte verändern unsere Erde entscheidender als Weltkriege.

Das gilt auch für Marx und die Schwindsucht.

Wer weiß, welche Ideologie das zur Zeit umgehende Gespenst AIDS gebären wird?

Beginnt nicht auch das ›Kommunistische Manifest‹ mit den Worten: »Ein Gespenst geht um in Europa...«

Das Chamäleon mit der eisernen Faust

Im Kloster Schöntal, unter dem Fußboden des Kreuzganges ruhen die Ritter von Berlichingen aus zwei Jahrhunderten. Eine stattliche Reihe von Grabplatten zeigt uns die stolzen Herren, lebensgroß in Stein geschlagen, mit Schwert und Helm und Panzer. Früher lagen die steinernen Abbilder auf den Gräbern. Nach der Umgestaltung des Klosters

73

im Barock hat man sie wie verurteilte Fahnenflüchtige an die Wand gestellt, einer neben dem anderen in der Reihenfolge ihrer Geburt.

Und so stehen sie noch heute dort. Sie blicken – wie sie es immer taten – auf ihre bürgerlichen Besucher herab und erwarten ihre Auferstehung, alle, bis auf einen. Ihm wurde die Auferstehung durch Deutschlands größten Dichter bereits zuteil.

Wer kennt ihn nicht, den Ritter mit der eisernen Hand? Jahr für Jahr, nicht nur während der Sommerspiele in Jagsthausen, schleudert der Götz dem erwartungsvollen Publikum sein unzüchtiges Angebot entgegen. Kein Goethe-Wort wird in Deutschland so häufig und gern zitiert wie das des Götz von Berlichingen: »Er aber, sag's ihm, er kann mich am Arsch lecken.«

In meiner Schulausgabe fehlten die letzten drei Wörter. An ihrer Stelle standen Pünktchen. Der Gebildete wußte auch so, welches Angebot Götz dem Hauptmann Ihrer kaiserlichen Majestät gemacht hatte.

In Goethes Urfassung heißt es noch: »Er kann mich im Arsch lecken.« Wieso aus dem »im« ein »am« wurde, gehört zu den tiefgründigen Geheimnissen, die die Goethe-Forschung noch nicht befriedigend gelöst hat. Obwohl Götz seinen berühmten Spruch zu dem Hauptmann sagte, galt sein Angebot letztendlich der kaiserlichen Zunge. Und das war verdammt kühn, denn der Kaiser war ein mächtiger Herr, und Götz... ja, wer war jener Götz von Berlichingen, den Goethe unsterblich gemacht hat? Wer war er wirklich?

Seine Grabplatte im Kloster Schöntal zeigt einen kleinen beleibten alten Mann mit Knollennase und ängstlichen Mausaugen, glatzköpfig, bärtig und demutsvoll kniend. Das ist erstaunlich, denn die anderen Herren von Berlichingen stehen alle stolz und unbeugsam aufrecht, wie man es von ihnen erwartet.

Würde der wirkliche Götz sich bei einer der vielen Freilichtbühnen, die ihn jedes Jahr verherrlichen, um die Titelrolle bewerben, man würde seinen Mut belächeln. Doch niemand kann etwas für sein Aussehen. Befassen wir uns also mit den Taten dieses ›urdeutschen ritterlichen Heroen‹.

»Jaxthausen ist ein Dorf und Schloß an der Jaxt, gehört seit zweihundert Jahren den Herren von Berlichingen erb- und eigentümlich zu«, so heißt es im Schauspiel. Goethe hat diesen Satz – wie so vieles andere - abgeschrieben, und zwar aus dem alten ›Biedermann‹, dem Stammbuch aller reichsritterlichen Adelsgeschlechter in Süddeutschland. Diese nicht von Goethe stammende Aussage ist die einzig wirklich authentische. Der Rest ist frei erfunden. Der geschichtliche Götz unterscheidet sich vom goethischen wie Wagners Nibelungen von den Wandalen. Darüber brauchte man keine Bemerkung zu verlieren, wenn bei den jährlichen Götzaufführungen in Jagsthausen und anderswo nicht immer wieder behauptet würde, es handle sich um ein historisches Schauspiel. Und das ist es ebensowenig wie die Karl-May-Freilichtspiele in Bad Segeberg.

Der wirkliche Götz hieß bei seiner Taufe Gottfried. Er erblickte 1480 als Sohn des Ritters Kilian von Berlichingen das Licht der Welt. Grundsätzlich standen einem jungen Ritter des 15. Jahrhunderts zwei Wege zur beruflichen Karriere offen: die Kirche und das Kriegshandwerk. Der Vater entschied sich für die Kirche. Der kleine Gottfried wurde in die Lateinschule nach Niedernhall geschickt. Stellte sich aber so dumm an, daß er schon im ersten Jahr die Klasse mit dem Pferdestall vertauschen mußte. Er wurde Reitersknabe beim Markgrafen in Ansbach. 1499 sah er beim Reichsfürstentag zu Konstanz zum erstenmal den Kaiser und war hellauf begeistert. Da ist keine Spur von ›Leck mich am Arsch!‹ Leicht dümmlich erinnert er sich noch nach Jahren an diesen großen Augenblick: »Ich aber erkannte ihn an der Nasen, daß er's war.« Bei dem äußeren Pomp des kaiserlichen Ornats zum Reichsfürstentag gab es nun ja weiß Gott auffälligere Erkennungsmerkmale als ausgerechnet die Nase.

Der Markgraf von Ansbach lag im Streit mit der Reichsstadt Nürnberg – keine große Sache, mehr Kampfspiel als Krieg. In einem dieser kleineren Gefechte 1504 vor den Toren Landshuts verlor Götz seinen rechten Unterarm. Er war vierundzwanzig Jahre alt. Seine kriegerische Laufbahn war beendet, bevor sie begonnen hatte. So schien es. Der Einarmige zog sich auf die väterliche Burg in Jagsthausen zurück. Der Schmied von Olnhausen schmiedete seinem Herrn eine primitive Hakenhand, die später durch ein wahres Meisterwerk einer eisernen Prothese ersetzt wurde. Götz heiratete und setzte Fett an. Am schlimmsten war die Langeweile. Geistige Beschäftigung kannte er nicht. Schon bald begann er wie Cervantes' berühmter Ritter Don Quixote von großen Heldentaten zu träumen, und wie der heilige Ritter Sankt Georg wollte er für die Unterdrückten und Schwachen eintreten. Wir erfahren, daß er der mächtigen Stadt Köln den Krieg erklärte, weil sie einem Stuttgarter Schneider den wohlverdienten Schützenkönigspreis vorenthalten hatte. Der Stadt Nürnberg sagte er die Fehde an, weil sie einem Kitzinger Viehhändler das Erbe streitig machen wollte. In Wirklichkeit war er nur so mutig, weil Köln und Nürnberg weit vom Schuß lagen. Die Ehre des Schneiders und die Rechte des Viehhändlers interessierten ihn wenig. Sie waren nichts weiter als ein

Vorwand für die rechtliche Handhabe, Kölner und Nürnberger Kaufleute zu überfallen und auszuplündern. Wie alle Ritter seiner Zeit verachtete er die Städte. Ihre kauffahrenden Bürger waren Freiwild, denen man das Fell über die Ohren zog.

In der Feudalgesellschaft des Mittelalters waren die Rollen der Menschen unabänderlich festgelegt. Bereits bei der Geburt entschied sich, ob einer ein freier Herr oder ein Leibeigener war. Es gab drei gottgewollte Stände: den Adel, die Kirche und die Bauern. Die Bauern mußten alle ernähren und kleiden, dafür wurden sie beschützt und mit den heiligen Sakramenten versehen.

In diesem Gottesstaat waren die Städte Fremdkörper. Unangreifbar hinter mächtigen Mauern wurden sie immer größer und reicher, während der Ritteradel immer mehr verarmte. Während die Ritter, auf ihre angestammten Rechte pochend, bei den alten Idealen verharrten, vollzog sich in den freien Städten der Wandel zur Neuzeit. Aus der primitiven Naturalien-Tauschwirtschaft entwickelte sich das moderne Kreditwesen mit Bankverbindungen von Florenz bis Lübeck. Das Handwerk entfaltete sich. Die ersten Universitäten entstanden. Ein neues Lebensgefühl erwachte.

Die konservativen Kräfte, allen voran der alte Ritteradel, standen der neuen Entwicklung hilflos und feindlich gegenüber. Auch Götz von Berlichingen vertrat bis zu seinem Tod die Meinung, daß jeder Christenmensch an seinem Platz verharren müsse, an den ihn Gottes Allmacht gestellt hat. Er meinte natürlich: Herren wie er hätten für alle Zeit und ohne eigenes Zutun das Recht, Herren zu bleiben.

Bei Goethe stirbt Götz mit den Worten: »Freiheit! Freiheit!«

Der historische Götz hielt die Freiheit für ein gefährliches Mittel der Auflösung. »Ein jeder befolge getreulich die Gebote seines Standes«, so forderte er, der sich selber »einen treuen Alten von Adel« nannte. Was man jedoch von diesem Adel zu halten hat, erkennt man an den brutalen Methoden, mit denen er seine Standesgenossen rücksichtslos ausplünderte.

Der alte Philipp von Waldeck, der nichts weiter verbrochen hatte, als daß er einer der Städte, denen Götz den Krieg erklärt hatte, zugetan war, wurde 1516 vom ›Ritter mit der eisernen Hand‹ überfallen und in ein fensterloses, nasses Burgverlies gesperrt. Der Greis war von so schwacher Gesundheit, daß er eine längere Haft nicht überlebt hätte. Er bot sein gesamtes Vermögen, um sein Leben zu retten. Für ein Lösegeld von achttausendvierhundert Gulden wurde er mehr tot als lebendig freigelassen. Wie hoch die Erpressersumme war, erkennt man erst, wenn man erfährt, daß sich Götz von der Beute seine Burg über dem Neckar errichtete, »einen wahrhaft stolzen Herrensitz, würdig des Gegners von Reichsstädten, Fürsten und Bischöfen«.

Als sich 1525 die Bauern gegen ihre Herren erhoben, übernahm Götz von Berlichingen die Vermittlerrolle zwischen Adel und Aufständischen. Ängstlich darauf bedacht, sich nicht in die Nesseln zu setzen, sicherte er sich nach allen Seiten ab. Er erschlich sich das Vertrauen der Bauern und verriet ihre geheimen Operationspläne an den Adel. Umgekehrt verriet er jedoch auch seine eigenen Standesgenossen, wie die Deutschherren, auf der benachbarten Burg Horneck, denen er versicherte, die Bauern hätten keine brauchbaren Kanonen. Aufgrund dieser bewußten Irreführung der Verteidiger wurde die Burg im Handstreich erobert. Damit aber nicht genug des Verrats: Er überredete die Bauern, die Burg Horneck bis auf die Fundamente zu zerstören, um den konkurrierenden Nachbarn ein für allemal auszuschalten.

Ermuntert vom Anfangserfolg der Bauern, ließ er sich zu ihrem Hauptmann ernennen, allerdings nur auf befristete Zeit, um jederzeit legal aus dem riskanten Unternehmen wieder aussteigen zu können. Die Ideale und die Rechte, für die die Bauern kämpften, interessierten ihn nicht. Sie liefen den seinen sowieso zuwider. Als das Kriegsglück sich wendete, trennte sich Götz mit seinen Bauern vom Heer der Aufständischen. Es wurde auch höchste Zeit. Denn die konservativen Kräfte siegten an allen Fronten. Bei Königshofen im Taubertal waren die schlechtbewaffneten Bauern vernichtend geschlagen worden. Die Rache der Sieger war fürchterlich. Götz befahl seinen treuen Bauern, sich auf Gnade und Ungnade zu ergeben. Er selber zog sich auf seine Burg zurück. Hier verfaßte er eine Verteidigungsschrift, in der er sein Handeln damit rechtfertigte, daß er die Rebellen nur geführt habe, wie man einen »tollwütigen Hund an der Leine führt«, damit er keinen Schaden anrichtet. Diese Schrift, in der er die von ihm angeführten Bauern »treulose und ehrlose Gesellen« nennt, händigte er der Anklagebehörde der Sieger aus »zur gerechten Aburteilung der bäuerlichen Aufrührer«, was dann auch gründlich geschah.

Götzens größte Angst war, daß man ihn enteignen könnte. Die Furcht jedoch war unbegründet. Er erfreute sich noch dreißig Jahre lang seiner Güter und Pfründe.

Am 23. Juli 1562 entschlief Götz von Berlichingen, »guten Gewissens«, wie es heißt, im Alter von zweiundachtzig Jahren.

Als er starb, war er evangelisch. Im Laufe seines Lebens hatte er siebenmal den Glauben gewechselt.

Er trug ein Rad im Wappen. Es hätte aber auch eine Wetterfahne oder ein Chamäleon sein können. Der historische Götz von Berlichingen war nicht der kraftvolle Polterer, der andere aufforderte, ihn am Arsch zu lecken. Er leckte selber, den Kaiser und jeden anderen, wenn es nötig und von Vorteil war. Eisern war an diesem Mann nur seine Prothese.

Wie ist es möglich, daß Deutschlands größter Dichter solch einer Wetterfahne sein kraftvollstes Drama widmen konnte?

Die Antwort auf diese Frage finden wir in einem alten Kleiderschrank.

Goethes Vorfahren mütterlicherseits arbeiteten im Berlichinger Land in hohenlohischen Diensten. In einem Schrank, den Goethes Mutter mit in die Ehe gebracht hatte, fand der junge Wolfgang ein vergilbtes Heft: ›Die Denkwürdigkeiten des Ritters Götz von Berlichingen‹. Diese von Götz in seinen letzten Lebensjahren diktierten ›Erinnerungen‹ wurden erst hundertfünfzig Jahre nach seinem Tod, im Jahre 1731 in Nürnberg in kleiner Auflage gedruckt und gerieten dann in Vergessenheit.

Ohne Übertreibung läßt sich konstatieren: Der Ritter Götz von Berlichingen verdankt seine Unsterblichkeit einem wurmstichigen bürgerlichen Kleiderschrank. So einfach ist das manchmal mit dem Ruhm.

Unbefleckte Empfängnis

Aristoteles lehrte, daß Männer mehr Zähne hätten als Frauen. Jahrhundertelang haben die Menschen ihm geglaubt. Dabei hätten sie nur den Mund aufzumachen brauchen, um sich von der Wahrheit zu überzeugen. Aber keiner hat die Zähne nachgezählt.

Wenn Sie jetzt überheblich lächeln, so seien Sie auf der Hut. Auch in unserem Denken wimmelt es von aristotelischen faulen Zähnen, die keiner nachzählt.

Nehmen wir zum Beispiel die Fortpflanzung, eine Angelegenheit, mit der jeder Mensch direkt oder indirekt zu tun hat, auch der keuscheste, sonst wäre er nicht geboren worden. Jeder Normaldenkende wird Ihnen bestätigen, daß zur Zeugung eines Kindes immer zwei gehören, nämlich ein Mann und eine Frau, oder, genauer gesagt, eine weibliche Eizelle und eine männliche Samenzelle. Diese Tatsache halten die meisten Menschen für ein Naturgesetz. Es ist aber kein Naturgesetz, sondern nur eine Ausnahme.

In der Natur gibt es unendlich viele Beispiele der ungeschlechtlichen Fortpflanzung, wie jeder weiß, der einen Garten hat. Wenn man einen Ableger oder einen Steckling einpflanzt, so entsteht eine neue selbständige Pflanze. Algen, Moose und Pilze vermehren sich ohne Befruchtung durch geschlechtslose Sporen. Wenn Sie jetzt glauben, das gälte nur für Pflanzen, so unterschätzen Sie die Phantasie der Natur gewaltig. Auch in der Tierwelt ist die ungeschlechtliche Fortpflanzung ein alltäglicher Vorgang.

Das Milliardenheer der Einzeller vermag sich durch bloße Zellteilung zu vermehren. Aber auch unter den Mehrzellern, wie Süßwasserpolypen und Korallen, gibt es die Fortpflanzung durch Sprossung und Knospung, ohne daß dazu ein Partner vom anderen Geschlecht benötigt wird.

Je höher man auf der Leiter der Arten emporsteigt, um so seltener wird die ungeschlechtliche Vermehrung, aber es gibt sie. Auch Gold ist seltener als Sand. Trotzdem ist jeder, der an der Existenz von Gold zweifelt, ein Narr.

Bei höher entwickelten Tieren gibt es zwar keine Ableger mehr, aber es geschieht, daß eine Eizelle plötzlich ohne Befruchtung zu wachsen beginnt und zu einem lebensfähigen Tier heranwächst. Diese sogenannte Jungfernzeugung ist den Biologen schon seit langem bekannt. Bereits vor über zweihundert Jahren machte der Schweizer Naturforscher Charles de Bonnet mit diesem ›Wunder‹ Bekanntschaft. Er legte ein Blattlausei in einen Glaskasten und beobachtete erstaunt, wie die völlig isolierte Laus sich zu vermehren begann. Inzwischen hat man die Jungfernzeugung bei Würmern, Insekten und Wirbeltieren festgestellt, vor allem bei den Reptilien. Es gibt sogar Tiere, die sich nur durch Jungfernzeugung fortpflanzen: zu ihnen gehören die Stabheuschrecken.

Wir vermögen den ungeschlechtlichen Vermehrungsprozeß sogar künstlich auszulösen. Das gelingt am leichtesten bei den Seeigeln und den Fröschen. Bisweilen genügt ein Nadelstich, um die

Zellteilung eines jungfräulichen Eies in Gang zu setzen. Neuere Verfahren arbeiten mit Wasserentzug und Kälteschock. Bis vor kurzem glaubte man, daß bei den höheren Wirbeltieren, wie den Vögeln und den Säugern, die natürliche ungeschlechtliche Vermehrung nicht mehr möglich sei. Auch bei denen begannen unbefruchtete Eier in Laborversuchen zu wachsen, aber sie blieben immer irgendwann im embryonalen Entwicklungszustand stehen, ohne daß ein lebensfähiges Tier daraus wurde. Am weitesten ließ sich dieses Zellenwachstum bei Meerschweinchen vorantreiben.

Aber auch diese Scheinbarriere wurde von unserer unermüdlichen Forschung durchbrochen. Dem amerikanischen Biologen Professor W. H. Olsen gelang es, aus unbefruchteten Eiern vaterlose Truthähne schlüpfen zu lassen, die sich in keiner Weise von ihren anderen Artgenossen unterschieden.

Gregory Pincus, der Erfinder der Antibabypille, züchtete in seinem Labor vaterlose Kaninchen. Russische und japanische Genetiker erzeugten ›unbefleckte‹ Meerschweinchen und Mäuse.

Je intensiver ich mich mit dem Thema der Jungfernzeugung befaßte, um so zwangsläufiger drängte sich mir die Frage auf: Gibt es das auch beim Menschen?

Die englische Genetikerin Dr. Helen Spurway

stellte in den fünfziger Jahren Berechnungen auf, wonach die statistische Wahrscheinlichkeit einer vaterlosen Zeugung beim Menschen eins zu sechs Milliarden sei. Bei der derzeitigen Geburtenrate würde sich solch ein Ereignis auf der Erde mindestens alle vierzig Jahre ereignen und wäre damit doppelt so selten wie eine Sechslinggeburt. Der Unterschied ist nur der, daß diese Sensation bei einem normalen Sexualleben der Mutter völlig unbemerkt bliebe.

Der Vortrag von Frau Dr. Spurway wäre vermutlich wie tausend andere wissenschaftliche Referate in Vergessenheit geraten, wenn nicht der Chefredakteur des größten Londoner Sonntagsblattes die Idee aufgegriffen hätte, um sie als »zeitgenössisches Wunder« zu vermarkten. In millionenfacher Auflage wandte er sich in fetten Schlagzeilen an ALLE JUNG-FRÄULICHEN MÜTTER GROSSBRITANNIENS mit dem Aufruf: »Falls Sie wirklich und ernsthaft davon überzeugt sind, ein vaterloses Kind zur Welt gebracht zu haben, so schreiben Sie uns. Sie erweisen damit der Wissenschaft einen unschätzbaren Dienst.«

Es meldeten sich siebenundachtzig Mütter, von denen achtundsechzig in den Voruntersuchungen ausschieden. Die verbleibenden neunzehn Fälle wurden von einem Stab von Wissenschaftlern aus aller Welt sehr gründlich und nach dem letzten Stand der Erbforschung geprüft. Ich war einer von ihnen.

Falls jetzt der eine oder andere von Ihnen fragen sollte, wie sich die Jungfernzeugung beim Menschen nachweisen läßt, so ist die Antwort gar nicht so schwer, wie man es eigentlich bei der Komplexität des Problems erwarten sollte. Man muß den Beweis antreten, daß das Kind nur mütterliche Erbmasse besitzt. Wir untersuchten zunächst das Blut von Mutter und Kind. Damit läßt sich die Jungfernzeugung zwar nicht beweisen, aber sie läßt sich mit Sicherheit ausschließen.

Nach drei Tagen war die Hälfte der Frauen ausgeschieden. Nach den Mendelschen Vererbungsgesetzen gibt es eine Vielzahl von dominierenden Erbeigenschaften. Wenn eine Mutter hellblaue Augen hat, ihre Tochter aber dunkelbraune, so können die dominierenden dunkelbraunen nur von dem anderen Paarungspartner, das heißt vom Vater, stammen.

Nach einer Woche war nur noch eine Mutter im Rennen. Sie war eine auffallend blonde, hellhäutige Frau, die ihrer Tochter glich wie ein eineiiger Zwilling dem anderen. Sie hieß Emmie Maria James und stammte aus Deutschland. Und das ist ihr Bericht:

»Ich litt unter ständiger Übelkeit, die besonders in den Morgenstunden solche Ausmaße annahm, daß ich mich regelmäßig erbrechen mußte. Ich ging zu Herrn Dr. E. in Hannover. Er untersuchte mich und stellte fest, daß ich schwanger war. Ich war damals einundzwanzig Jahre alt und hatte nach meiner ersten schweren Enttäuschung seit über zwei Jahren mit keinem Mann mehr geschlafen. ›Sie müssen sich irren, Herr Doktor‹, sagte ich, ›es ist ganz unmöglich.‹ Er zuckte mit den Achseln und prophezeite mir: ›In sechs Monaten werden Sie sehen, daß ich mich nicht geirrt habe.‹ Ich nahm tatsächlich an Umfang und Gewicht zu, tröstete mich aber damit, daß es sich nur um eine Scheinschwangerschaft handeln könne. Etwas anderes kam einfach nicht in Frage.

Ich ging zu einem anderen Arzt, der mich noch einmal sehr gründlich untersuchte und mir versicherte, daß es sich nicht um eine Scheinschwangerschaft handle.

Die Herztöne des Kindes waren bereits wahrnehmbar. Ich verstand die Welt nicht mehr. Nachts lag ich wach und zweifelte an meinem Verstand. Hatte ich mein Gedächtnis verloren? Oder war ich unter Hypnose mißbraucht worden? Ich war ein junger, gesunder Mensch. Ich war berufstätig, und meine Arbeit erforderte einen wachen Verstand.

Erst als ich meine Tochter zur Welt gebracht hatte, wich das verständnislose Erstaunen, die Angst vor dem Unglaublichen, das mit mir geschehen war. Meine kleine Monika war ein auffallend lebhaftes Mädchen, und ich war überglücklich. Alles andere erschien mir mit der Zeit nebensächlich. Ich sprach mit keinem Menschen darüber. Wer hätte mir geglaubt?

Später heiratete ich den englischen Besatzungssoldaten Billy James. Ich könnte mir für mein Kind keinen besseren Vater wünschen.«

Ich las den Bericht mehrmals. Überzeugungskraft ging von ihm aus. Ich glaubte der Frau.

Die Speichelanalyse und sehr detaillierte Bluttests stimmten bei Mutter und Tochter so völlig überein, daß es schon ans Wunderbare grenzte. Die Spannung stieg von Untersuchung zu Untersuchung. Wir machten einen Geschmackstest, wobei Mutter und Tochter eine bestimmte chemische Substanz aus dem Wasser herausschmecken mußten. Diese Fähigkeit ist nämlich erblich. Beide verfügten in genau gleichem Maße über diese seltene Begabung.

Der letzte, entscheidende Test war eine Organtransplantation. Bekanntlich kann man ja nur bei eineiigen Zwillingen Gewebe übertragen, ohne daß es abgestoßen wird, es sei denn, daß man die Abwehrreaktion mit Medikamenten ausschaltet.

Wir verpflanzten ein kleines Hautstück von der Tochter auf die Mutter. Es wuchs an. Es war unglaublich. Es wuchs wirklich an.

Die offizielle englische Ärztezeitschrift ›The Lancet‹ sprach im Namen aller untersuchenden Ärzte, als sie verkündete: »Die Übereinstimmung zwischen Mutter und Tochter ist so, daß es nach dem derzeitigen Stand der Medizin keine andere Erklärung dafür gibt als die Parthenogenese.« Das ist das griechische Fremdwort für Jungfernzeugung.

Es war ein wirklich gelungenes Experiment. Die Wissenschaft war um eine unschätzbare Erfahrung, das Sonntagsblatt um einige Millionen Pfund reicher. Und selbst die Kirche feierte das Ergebnis wie einen Sieg. Für sie war unser gelungenes Experiment der wissenschaftliche Beweis für die ›Unbefleckte Empfängnis‹ Marias.

Ich war deshalb auch nicht erstaunt, als mich ein römischer Kardinal aufforderte, einen Aufsatz über dieses Thema zu schreiben, der in mehreren katholischen Kirchenblättern in aller Welt veröffentlicht werden sollte.

Leider ist mir das Original abhanden gekommen, aber ich schrieb damals in etwa folgendes:

»Der Allmächtige verfügt über unendlich viele Möglichkeiten. Er hätte seinen Sohn einfach herbeizaubern können wie ein Magier, der ein Kaninchen aus seinem Zylinder holt. Jesus ist aber nicht wie ein Geist vom Himmel gestiegen, erwachsen und allwissend. Er wurde geboren, in Windeln gewickelt, gestillt. Er wuchs heran wie tausend andere Kinder, mußte essen, schlafen, Schmerzen erleiden. Diese Tatsache muß hervorgehoben werden, denn sie führt uns deutlich vor Augen, daß Gott seinen menschgewordenen Sohn ganz und gar den naturwissenschaftlichen Gesetzen seiner Schöpfung unterwarf. Wäre es anders gewesen, so hätten wir diese wissenschaftliche Untersuchung nicht gebraucht, denn dann wären grundsätzlich alle Zaubertricks möglich.

Vieles, was unseren Vorfahren in der Heilsgeschichte noch als Wunder erschien, wurde inzwischen wissenschaftlich belegt und untermauert. Der Stern von Bethlehem war eine Konjunktion von Jupiter und Saturn. Auf Glauben beruhende ›Wunderheilungen‹ lassen sich heute in jedem Krankenhaus mit Placebos nachvollziehen. Wirkliche Wunder, wie die Auferstehung und die Himmelfahrt, ereigneten sich erst nach dem Tode Christi, das heißt außerhalb der meßbaren irdischen Realität. Das Leben Christi unterlag den naturwissenschaftlichen Gesetzen der Erde.

Die katholische Kirche feiert alljährlich den 8. Dezember als Tag der ›Unbefleckten Empfängnis‹. Hierbei handelt es sich nicht um die Empfängnis des Jesuskindes, das ja schon sechzehn Tage später in der Weihnachtsnacht geboren sein soll, sondern um die Empfängnis der Jungfrau Maria durch ihre

Mutter, die heilige Anna. Nach katholischem Glauben war auch das eine vaterlose Zeugung.

Für diese zweimalige Jungfernzeugung hintereinander gibt es sogar eine wissenschaftliche Bestätigung. Der amerikanische Biologe Olsen beobachtete bei seinen Zuchtversuchen mit Truthähnen, daß die Fähigkeit der Jungfernzeugung erblich ist. Damit würde auch dieses ›Wunder‹ in den Bereich des verstandesmäßig Erklärbaren rücken.

Anders verhält es sich jedoch mit der folgenden unumstößlichen Tatsache: Bei der menschlichen Jungfernzeugung sind immer und ohne Ausnahme alle Nachkommen weiblichen Geschlechts. Es kann nicht anders sein, denn nur das in der männlichen Samenzelle vorhandene Y-Chromosom vermag Knaben zu zeugen. Wenn Marias Kind keinen Vater hatte, so war es ein Mädchen. Gottes Sohn und unbefleckte Empfängnis schließen einander aus. Da die Kirche am Dogma der Unbefleckten Empfängnis festhält, bleibt nur die Alternative: Unser Herr war eine Dame, Gottes Tochter, Heiländin und Gute Hirtin, Christus war eine Christa.

Die Heilige Familie war im Gegensatz zum Vatikan eine rein weibliche Gemeinschaft. Wer das für gotteslästerlich hält, hat entweder ein gestörtes Verhältnis zum weiblichen Geschlecht oder zu Gott. (Oder zur Göttin?)«

Abschließend möchte ich noch erwähnen, daß mein Bericht in keiner Kirchenzeitung veröffentlicht wurde.

Leonardos Liebesmesser

Am 4. Februar dieses Jahres ereignete sich in der Nationalbibliothek von Madrid etwas, das von Fachleuten in aller Welt als die ›Jahrhundertentdeckung‹ bezeichnet wird.

Zwei staatliche Archivarinnen, Evita Ordonez und Isabella Cervantes, waren an diesem Tag damit beschäftigt, in den unterirdischen Lagergewölben der Bibliothek antike Landkarten herauszusuchen, die man mit Hilfe modernster Mikrofilmtechnik katalogisieren wollte, um sie einem breiteren Publikum zugänglich zu machen. Die Arbeit war zeitaufwendig. Sie verlangte viel Fingerspitzengefühl, da die alten Pergamentpläne sich bereits in sehr brüchigem Zustand befanden. Dabei stießen die beiden Frauen auf ein Kartenwerk, das den Vermerk »Milano 1506« trug. Es stammte aus dem Besitz des Gouverneurs Charles d'Amboise. Beim Entfalten eines Planes fiel ihnen ein Papier entgegen, das sowohl in Farbe als auch in Format und Schrift so gar nicht zu den geographischen Zeichnungen passen wollte. Sie besprühten das vergilbte Blatt mit Konservierungsflüssigkeit und trauten ihren Augen nicht. Obwohl sich beide Damen in Oberitalien nicht auskannten, erfaßten sie sofort, daß die vor ihnen liegende Zeichnung nichts mit der Landschaft um Mailand gemeinsam hatte. Zwar sollte es auch dort einen Po geben, aber der Po, der sich hier vor ihnen entblößte, gehörte einem jungen Mann. Daran bestand kein Zweifel. Dafür zeugte – im wahrsten Sinne des Wortes – ein prächtiger erigierter Penis.

Bei einer späteren Pressekonferenz im Kultusministerium äußerte der Herausgeber des ›El Alcázar‹, es sei bezeichnend, daß zwei unverheiratete spanische Frauen im Staatsdienst die Abbildung sofort als erigiertes männliches Geschlecht erkannt hätten. Beweise es doch, in welch moralisch desolater Lage sich Spanien nur wenige Jahre nach dem Tod des Caudillo befände. Aber wir wollen nicht vorgreifen.

Das ›pornographische‹ Papier gelangte auf dem Dienstweg – und der ist in Spanien nicht kürzer als bei uns – zum Kultusministerium und von dort zur Universität, genauer gesagt, an den Lehrstuhl für Kunst- und Kulturgeschichte.

Professor Ortega Picador war wohl der erste, der den wahren Wert des Papieres erkannte. Er lud vier international anerkannte Experten ein, den Fund an Ort und Stelle zu begutachten. Ich war einer von ihnen.

Der Professor empfing mich mit der unnachahmlichen Grandezza, wie sie für Spanier der alten Oberschicht typisch ist. Er führte mich in sein Arbeitszimmer, öffnete einen Wandtresor und legte das Papier auf den Tisch. Es war totenstill in dem Zimmer. Nur die Uhr tickte. Kolumbus muß es so zumute gewesen sein, als er den amerikanischen Kontinent betrat. Vor mir lag eine jener unbezahlbaren Kostbarkeiten, wie wir sie nur von der Hand eines einzigen Genies her kennen: Leonardo da Vinci.

Nur er hatte diese seltsame Manie, seine anatomischen und technischen Studien mit Spiegelschrift zu versehen. Er schrieb nicht von links nach rechts, wie das alle Menschen unseres Kulturkreises tun, sondern von rechts nach links. Seine Handschrift ist nur mit Hilfe eines Spiegels lesbar. Solcher Art war die Schrift auf dem Papier. Allerdings erkannte ich auch normal verlaufende Beschriftung auf einer Art Vermessungsgerät. Ich las laut: *Metrum potentiae.*

»Potentiometer oder Potenzmesser«, sagte Professor Picador. »Und sehen Sie hier: *Angulus inclinationis indicat virilitatem.* Der Neigungswinkel zeigt die Manneskraft an.«

»Unglaublich«, entfuhr es mir. »Aber dieses Gerät sieht ihm ähnlich!«

»Wie darf ich das verstehen?« fragte der Professor.

»Es gibt nichts, womit dieses Universalgenie sich nicht befaßt hätte. Sie kennen gewiß jene berühmte anatomische Zeichnung Leonardos, die heute in der Royal Library von Windsor aufbewahrt wird? Sie zeigt photographisch genau einen koitierenden Penis in einer Scheide. In der gleichen Sammlung sah ich die anatomische Zeichnung eines Fötus in der Gebärmutter. Wissen Sie, daß Leonardo eigenhändig mehr als dreißig Leichen seziert haben soll, Männer wie Frauen jeden Alters? Wir wissen von Vasari, daß Leonardo da Vinci bereits 1498 Anatomie studiert hat. Dieses Blatt ist wahrscheinlich erst um 1502 entstanden. Die Zeichnung wurde mit einer stumpfen Feder auf rauhes koloriertes Papier aufgetragen. Sehen Sie selbst, sie ist in großer Eile hingeworfen worden. Die Linie ist hart und gefühllos, ohne Leben. Neben den schönen anatomischen Zeichnungen von 1498 ist dieser Spätstil erschreckend trocken. Man spürt, daß dem Zeichner die wissenschaftliche Erkenntnis mehr bedeutet als die vollendete Gestaltung. So sind fast alle seine späten Konstruktionsblätter. Manche Experten betrachten das als Folge seines körperlichen Verfalls. Ich kann mich dem nicht anschließen.«

»Sie sind davon überzeugt, daß es sich um einen echten Leonardo da Vinci handelt?« fragte der Professor.

»Sie wissen so gut wie ich, daß jeder Zweifel ausgeschlossen ist«, erwiderte ich.

»Ich weiß es, aber ich wollte es aus Ihrem Munde hören.«

Die Einladung zur Pressekonferenz am anderen Tag lehnte ich ab. Ich hasse Veranstaltungen dieser Art und gehe ihnen aus dem Weg, wo ich nur kann. Statt dessen nutzte ich die Gelegenheit – wie immer, wenn ich in Madrid bin – für einen Besuch im Prado. Für mich gibt es keine vollendetere Gemäldesammlung auf der Erde. Aber ich fand dieses Mal keine Freude an den Meisterwerken. Der Leonardo ging mir nicht aus dem Sinn. Vor den Aktbildern Tizians und Rubens' mußte ich daran denken, daß man sich Ende des achtzehnten Jahrhunderts allen Ernstes in Regierungskreisen mit dem Gedanken getragen hatte, diese »unzüchtigen« Abbildungen zu verbrennen.

Wäre der Potenzmesser des Leonardo nur wenige Jahre früher entdeckt worden, ganz ohne Zweifel wäre er verbrannt worden.

Der Potenzmesser ist eine Sensation ohnegleichen. Leonardo, der Schöpfer der ›Mona Lisa‹ und des ›Abendmahls‹, als Konstrukteur eines Potenzmessers! Wie auf der Zeichnung deutlich erkennbar, handelt es sich hierbei um ein Meßgerät, in das die zu testende Mannsperson das versteifte Glied steckt. Der Potenzmesser mißt dann anhand der Aufrichtung, der Schwellkraft und des Erektionswinkels die Manneskraft.

Hierzu muß man wissen, daß die Menschen der Vergangenheit ein ungestörtes Verhältnis zu diesen Dingen hatten. In der wieder ausgegrabenen Villa ›Casa Vetii‹ in Pompeji kann man ein guterhaltenes Wandbild bewundern, das eine Gruppe von Männern zeigt, die mit ihren Gliedern Gewichte heben. Zu diesem Zweck wurde unmittelbar hinter der Eichel ein Lederriemen angebracht, an dessen unterem Ende eine Art Waagschale hing, auf die Gewichte gelegt wurden. Von dem römischen Gladiator Lucius Marcellus wissen wir, daß er – umgerechnet in heutige Gewichtseinheiten – über sieben Kilogramm mit ›der Rute gerissen‹ hat, wie man unter Sportsfreunden zu sagen pflegte. Solche fürwahr olympischen Leistungen sprachen sich natürlich auch und vor allem bei den Damen Roms herum. Besonders die Kaiserin Messalina hegte für die schwer stemmenden Jünglinge der Arena eine große Vorliebe. Angeblich soll sich unsere Bezeichnung ›schwere Jungs‹ von diesen jungen Männern der Gladiatorenschulen herleiten. Selbst das Wort ›Gladiator‹ hat hier seinen Ursprung.

Gladius heißt nämlich nicht nur das schwere Schwert, sondern auch das aufgerichtete männliche Glied. Ein Gladiator ist also nicht nur ein ›Schwer-Schwert-Träger‹, sondern auch ein ›Schwer-Schwanz-Athlet‹.

Diese Dinge wurden während des Mittelalters von der Kirche verdrängt. Mit der Renaissance, der Wiedergeburt der Antike, erwachte auch die Freude an der ungehemmten Geschlechtlichkeit aufs neue. Leonardo lebte in einem Land und zu einer Zeit, in der selbst die Päpste Orgien feierten und uneheliche Kinder zeugten. Er war nicht nur ein Zeitgenosse der Borgia-Päpste, er arbeitete auch für Cesare Borgia als Militäringenieur. Ende Mai des Jahres 1502 war er in Piombino, um die dortigen Sümpfe trokkenzulegen. Am 20. Juni begleitete er Cesare Borgia bei seinem heimtückischen Angriff auf Urbino. Im Oktober wurde er mit dem Heer für einige Wochen in Imola eingeschlossen. Hier in der erzwungenen Untätigkeit der Belagerung schuf Leonardo die inzwischen weltberühmten Kreidestudien, die den Kopf Cesare Borgias in drei verschiedenen Ansichten zeigen. Ich vermute, daß auch hier, in Imola, die Konstruktionszeichnungen zum Potenzmesser entstanden sind.

Leonardo brauchte diese Umweltstimulanz mehr als jeder andere Künstler. Es ist gewiß kein Zufall, daß Leonardo seinen Manneskraftmesser gerade hier zwischen der Soldateska des Cesare Borgia entwickelte. Für diese Legionärshorden, von denen Papst Alexander sagte: »Ihr Kruzifix ist der Schwanz«, muß der Potenzmesser fürwahr ein olympisches Gerät gewesen sein.

Es ist müßig, die Frage zu stellen, warum Leonardo es entwickelt hat. Es gibt fast nichts, womit dieser geniale Faun sich nicht beschäftigt hat.

Die meisten Menschen haben ein völlig falsches Bild vom Maler der ›Mona Lisa‹ und des ›Abendmahls‹. Er selber hielt sich nicht einmal für einen besonders erwähnenswerten Maler. In einem Bewerbungsschreiben bot er dem Mailänder Herzog Sforza seine Dienste in dieser Reihenfolge an: Er könne transportable Brücken, Belagerungsmaschinen und Schleudergeschütze konstruieren. Er sei in der Lage, Kriegsschiffe und Minen zu bauen. Außerdem hätte er neue Kampfwagen und Kanonen erfunden. In Friedenszeiten sei er fähig, jede gewünschte Architektur zu entwerfen, Wasserleitungen zu legen und Tunnel zu bohren. Er könne auch Skulpturen in Marmor, Bronze und Ton herstellen, und er verstünde zu malen.

Vor allem jedoch war Leonardo da Vinci Wissenschaftler. Er sezierte eine Bärentatze, um sie mit einem menschlichen Fuß zu vergleichen. Er verglich Arme von Menschen und Affen, Beine von Menschen und Pferden, und wie wir neuerdings wissen, verglich er auch die Schwänze von Männern miteinander.

»Ein Künstler muß universell sein«, so schrieb er, »er darf keinen Aspekt der Natur vernachlässigen. Er muß Philosoph und Wissenschaftler sein, darf sich vor nichts ekeln und genieren.« In diesem Sinne ist der Potenzmesser ein echtes Werk Leonardo da Vincis.

Dieser Mann war seiner Zeit weit voraus. Er wagte sich an Projekte, die mit den Möglichkeiten des sechzehnten Jahrhunderts noch nicht zu bewältigen waren. So zeichnete er Tauchboote und Flugmaschinen, die erst ein halbes Jahrtausend später verwirklicht werden konnten und die heute zu unserem Alltag gehören. Vielleicht ergeht es dem Potenzmesser nicht anders? Wie mir Professor Picador mitteilte, hat der Fiat-Konzern die Herstellungsrechte erworben. Auf die Frage eines Reporters, welchen praktischen Sinn das hätte, erwiderte der Pressesprecher des Konzerns: »So wie man heute von einem Fotomodell oder einer Schauspielerin sagt, sie habe die Maße 98/48/80, so wird man vielleicht in ein paar Jahren von einem Mann sagen, er verfüge über die Potenz 85/4, wobei die erste Zahl den Intelligenzquotienten angibt und die letztere die Schwanzkraft in Kilopond.«

Die Kunstexperten werden sich in Zukunft nicht nur mit dem Brustbild der Mona Lisa auseinandersetzen müssen, sondern auch mit dem Unterleibsbild des Leonardo. Denn das abgebildete Glied – darin sind sich alle Experten einig – gehörte dem Meister persönlich. Damit ist der alte Leonardo der einzige klassische Künstler Oberitaliens, von dem wir ein Selbstportrait unterhalb der Gürtellinie besitzen. Das ist ein Paradoxon ohne Beispiel, denn wenn man unter Potenz sexuelle Triebkraft gegenüber dem anderen Geschlecht versteht, so war der Erfinder des Potenzmessers völlig impotent. Alle seine Biographen berichten übereinstimmend, daß er niemals etwas mit einer Frau hatte.

Caesars Kneippkur

Können Sie sich vorstellen, daß die Sowjetunion den
Monat Juli ›Adolfi‹ nennen würde, zu Ehren Adolf
Hitlers? Oder wäre es denkbar, daß die amerikanischen Präsidenten sich für die nächsten zweitausend
Jahre den Beinamen ›Hitler‹ zulegen würden, in stil-
ler Bewunderung für den Führer des Großdeut-
schen Reiches? Oder kann es geschehen, daß man

einmal auf israelischen Oberschulen Hitlers ›Mein Kampf‹ zur Pflichtlektüre erheben wird, nicht als Abschreckung, sondern in Bewunderung?

»Unmöglich«, werden Sie jetzt sagen, »ganz unmöglich. Undenkbar!«

Undenkbar? Dann kennen Sie Julius Caesar nicht. Er wird Sie eines Besseren belehren.

Im Jahre 58 vor Christi Geburt marschierte der frischgebackene römische Konsul Gaius Julius Caesar über die Alpen nach Gallien. Sieben Jahre lang überzog er die friedlichen Stämme mit fürchterlichen Eroberungskriegen. Er überschritt kurzfristig den Rhein und zog zweimal bis nach Britannien. Obwohl die Römer eine angriffslustige Militärmacht waren, mußten sich bereits Caesars Zeitgenossen eingestehen, daß der Gallische Krieg nicht nur grundlos und völlig unrechtmäßig vom Zaun gebrochen worden war, sondern daß er für Rom auch sinnlos und unnütz war.

Für den verwöhnten Patriziersproß war die Germanenjagd ein blutiger Sport. Er benahm sich dabei nicht edler als jene englischen Snobs, die im vorigen Jahrhundert aus den Erster-Klasse-Abteilen der neuerbauten Eisenbahnen auf Büffel und Indianer schossen, je mehr, um so besser.

Der Gallische Krieg wurde mit unglaublicher Grausamkeit und Hinterlist geführt. Caesar selbst brüstete sich damit, an einem einzigen Tag vierhundertdreißigtausend Menschen niedergeschlachtet zu haben. Ganz gewiß ist das, wie alle Zahlenangaben, die dieser großmäulige Polit-Abenteurer gemacht hat, eine maßlose Übertreibung. Aber selbst ein Zehntel wäre noch ein Massaker, wie es nur wenige in der alten Geschichte gegeben hat.

Diese Blutbäder waren alles andere als militärische Siege, die zu Stolz berechtigt hätten, denn die römischen Legionen waren 58 vor Christi Geburt den gallischen und den germanischen Stammeskriegern so hoch überlegen wie die englische Artillerie den Zulus. Das äußert sich deutlich in einem Zahlenvergleich. Caesar begann, nach eigenen Angaben, den Krieg mit einem Veteranenheer von weniger als dreißigtausend Mann. Wenn solch eine Truppe vierhundertdreißigtausend Gegner an einem Tag niedermacht, so handelt es sich wohl mehr um eine Hinrichtung als um einen Kampf.

Wie so häufig in der Geschichte der kolonialen Unterjochung benahmen sich auch hier die ›zivilisierten‹ Eroberer primitiver und barbarischer als die unterlegenen ›primitiven Barbaren‹. Bei den Galliern war es üblich, daß die Häuptlinge zum Zweikampf antraten. Der Stamm der Verlierer unterwarf sich dem Stamm des Gewinners, ohne daß es zur Völkerschlacht kam, jeder gegen jeden.

Als sich der Gallierfürst Vercingetorix zu den Römern begab, um mit ihrem Führer zu kämpfen, ließ ihn Caesar wie ein wildes Tier in Ketten legen. Später wurde er im Triumphzug durch Rom geführt. Im ›Carcer mamertinus‹, dem alten römischen Gefängnis zwischen Capitol und Forum, erinnert noch heute eine Tafel daran, daß Vercingetorix hier nach dem Triumphzug vernichtet worden ist wie ein ausgedientes Wahlplakat. Für Caesar waren die Gallier und die Germanen das gleiche wie für Hemingway das afrikanische Großwild. Er jagte sie. Besonders seltene und große Exemplare, zum Beispiel ihre Häuptlinge, wurden wie Zirkustiere der staunenden Masse vorgeführt. Besonders beliebte Jagdtrophäe war blondes Germanenhaar. Es avancierte unter Caesar zum Modehit in Rom.

Und dennoch – oder gerade deshalb? – wird diesem arroganten Germanenschlächter im heutigen Germany immer noch eine Verehrung zuteil wie nur wenigen wirklich großen Römern. Keine humanistische Oberschule, die nicht sein inhumanes gallisches Kriegstagebuch zur Pflichtlektüre erhoben hätte. Bis in unser Jahrhundert hinein haben sich die höchsten weltlichen Herrscher ›Kaiser‹ genannt, als Ableitung des Wortes ›Caesar‹. Auch ›Zar‹ stammt daher. Unser sonnigster Sommermonat wurde nach Julius Caesar benannt. Wie ist das möglich?

Kein Tyrannenmord ist so beklagt worden wie die Beseitigung Caesars während der Iden des März im Jahre 44 vor Christi Geburt. Meinem Lateinlehrer kamen noch zweitausend Jahre später die Tränen, wenn er Vergil zitierte: »Die Sonne selbst bejammerte einst Rom, als Caesar fiel.«

Was mir schon als Schüler zu denken gegeben hat, ist die Tatsache, daß – bis auf zwei – alle Senatoren ihren Dolch in Caesar stießen. Größere Einmütigkeit beim Attentat auf einen Tyrannen hat es in der Geschichte selten gegeben. Im gesamten Offizierskorps der Deutschen Wehrmacht fand sich nur ein Einarmiger – und für Stalin nicht einmal der.

Dabei hatten alle Senatoren noch wenige Tage vor Caesars Ermordung beim Kapitolinischen Jupiter geschworen, Caesars Leben zu beschützen. Wie müssen die alten Senatsherren diesen Mann gefürchtet und gehaßt haben. Trotz der einmütigen Entschlossenheit der höchsten Volksvertreter, die ihr Leben aufs Spiel setzten, um die Republik zu retten, hat die Nachwelt stets Partei für Caesar ergriffen. Schon als zwei Jahre später, im Oktober 42, Antonius in zwei Schlachten Caesars Hauptattentäter, Brutus und Cassius, besiegte und tötete, jubelte alle Welt. Von Shakespeare bis Stefan Zweig nahmen die Dichter und Denker Partei für Caesar.

Noch heute empfinden die meisten Menschen so.

Das äußert sich besonders deutlich in unserer Sprache. Caesar, Kaiser, das ist Würde, Größe, die gute alte Zeit. Brutus aber wurde zum politischen Judas abgestempelt. Er hat ›brutal‹ gehandelt. Noch heute zitiert man bei Verrat gern Caesars letzte Worte: »Auch du, mein Brutus?« Nach dem Ersten Weltkrieg geisterte die ›Dolchstoßlegende‹ durch die Politik: Die Heimat ist der Front in den Rücken gefallen, heimtückisch wie Brutus.

Was für ein Übermensch muß dieser Caesar gewesen sein, daß sein heroischer Glanz zwei Jahrtausende überstrahlte! Mein Geschichtslehrer hielt ihn für den bedeutendsten Geschichtsschreiber Mitteleuropas: »Was wüßten wir ohne ihn über die Helvetier und die Sueben, über Ariovist und Vercingetorix?« Wieviel man aber von Caesars historischen Schriften zu halten hat, erkennt man an den wenigen Stellen, die sich noch heute überprüfen lassen. So berichtet er, daß die Elche in Germanien keine Kniegelenke hätten und sich aus diesem Grund nicht niederlegen könnten. Sie würden sich bei Nacht gegen Schlafbäume lehnen, die man bloß anzusägen brauchte, um die Tiere zu fangen, denn sie kämen, einmal zu Fall gebracht, ohne fremde Hilfe nicht mehr auf die Beine. Da wir wissen, wie Elche aussehen, wissen wir auch, daß der Bericht des Augenzeugen Caesar falsch ist. Wie oft mag er wohl noch gelogen haben? Das Corpus delicti ›Elch‹ hat die Aussage des großen Römers widerlegt.

Der Geschichtsforscher Theodor Mommsen betont immer wieder Caesars kulturelle Leistungen, die Reformen, die Neuordnung des Kalenders und vieles mehr. Was aber ist das alles gegen das Feuer, das Caesar in Alexandrien legen ließ und dem die Bibliothek von Alexandrien zum Opfer fiel? Ohne Übertreibung kann man sagen, daß es sich hier um das frevelhafteste Ereignis unserer Kulturgeschichte handelt. Vierhunderttausend Papyrusrollen beherbergten die gesamte Überlieferung der bekannten Menschheit. Unsere Geschichte würde um Jahrtausende weiter zurückreichen, wenn dieser unersetzliche Überlieferungsschatz nicht zerstört worden wäre. Hier in Alexandrien verlor die Menschheit ihr Gedächtnis, weil Caesar Feuer legen ließ, um für seine Geliebte, Kleopatra, einen Palastaufstand zu gewinnen.

Und dennoch halten wir Caesar für einen ehrenwerten Mann. In den Augen seiner Zeitgenossen war der junge Caesar ein aalglatter unsympathischer Narziß. Eitel wie eine Kurtisane verbrachte er täglich mehrere Stunden an seinem Frisiertisch. Man belächelte seine Eitelkeit, weil er sich die Körperhaare auszupfte und das dünne Haar vom Nacken in die Stirn kämmte, um seine Glatze zu verbergen.

Auffallend war vor allem seine Kleidung. Er trug eine Tunika mit Fransen und Troddeln, wie man noch keine gesehen hatte. Sein Gürtel lag mädchenhaft weich auf den Hüften. »Hütet euch vor dem schlechtgegürteten Jüngelchen«, warnte Sulla die Anhänger der Adelspartei.

Roms größter Redner, Cicero, verglich den jungen Caesar mit der trügerisch lächelnden Stille des Mittelmeeres und warnte vor den Abgründen hinter der Maske. »Wenn man sieht«, so höhnte er, »wie sein Haar so kunstvoll zurechtgelegt ist, und wenn man sieht, wie maniert er sich mit dem kleinen Finger kratzt, so könnte man meinen, er könne keiner Fliege etwas zuleide tun.«

Caesar erkannte wie kein anderer die Macht der Masse. Er buhlte um die Gunst des Volkes wie um eine Geliebte. Er ließ Getreide verteilen, machte Geschenke. Seine Schulden erreichten schon bald tausenddreihundert Talente, was der unglaublichen Summe von mindestens zehn Millionen Dollar entspricht. Crassus, der reichste Mann Roms, zahlte die Schulden, weil er erkannte, daß sich mit diesem Star der Massen noch mehr Geld machen ließ.

Im Jahre 59 vor Christi Geburt erhielt Caesar die Statthalterschaft über Gallien, ein Gebiet, das das heutige Oberitalien nördlich des Po, die Schweiz, Frankreich, Belgien und Holland umfaßt. Dazu erhielt er vier Legionen mit vierundzwanzigtausend Soldaten.

Und damit begann Caesars Aufstieg in die Unsterblichkeit. Plutarch schrieb, Caesar habe achthundert Städte erobert, dreihundert Völker unterworfen und drei Millionen Menschen besiegt. Über eine Million habe er getötet. (Das heißt, jeder dritte Besiegte verlor sein Leben!)

Welch ein Dschingis Khan muß dieses »schlechtgegürtete Jüngelchen« gewesen sein!

Wenn man sich mit Caesars Leben befaßt, so glaubt man bisweilen zwei grundverschiedene Menschen vor sich zu haben. Da ist einmal der aalglatte, eitle Schönling, luxusbedürftig, kränkelnd und überempfindlich. Und da ist auf der anderen Seite der brutale Kohortenführer, der dreckig, frierend und verlaust in Germaniens Moskitosümpfen Eingeborene jagt. Er gefährdet dabei nicht nur Leben, Gesundheit und Schönheit, an der ihm so viel lag, sondern vor allem seine politische Karriere, an der ihm noch mehr lag. Denn bei seiner langjährigen Abwesenheit von Rom drängten natürlich neue, unberechenbare Kräfte zur Macht.

Warum nahm Caesar diese Strapazen und Gefahren auf sich? War es der Ruhm? Ganz gewiß. Berühmt und reich wollte er werden. Und er wurde es. Er plünderte die gallischen Lande so gründlich, daß er als unermeßlich reich galt. Aber er machte sich nichts aus dem Geld. Er warf es mit vollen Händen wieder hinaus. Seine Triumphzüge und Gladiatorenspiele wurden mit noch nie dagewesener Freigebigkeit gefeiert.

Warum also führte Caesar sieben Jahre in Gallien Krieg? Plutarch verrät es uns. Er schreibt, daß Caesar den Kriegsdienst als eine Art Gesundheitskur auffaßte. »Durch Gewaltmärsche, einfache Kost und ständigen Aufenthalt unter freiem Himmel wollte er sich abhärten.« Er befreite sich damit von seinen epileptischen Anfällen. Caesar erwähnt in einem Schreiben an Balbus, daß er sich nirgendwo gesundheitlich so wohl fühle wie im Feld. Damit aber kommen wir zu dem makabren Schluß, daß Caesars Gallischer Krieg eigentlich ein Kuraufenthalt war. Die Eingliederung Mitteleuropas in die antike Mittelmeerkultur verdanken wir im wesentlichen unserem gesunden Reizklima.

Das ist nicht etwa eine Übertreibung. Welch wichtige prophylaktische Rolle kriegerische Luftveränderungen in Caesars Leben spielten, erkennen wir an der folgenden Tatsache: Am 18. März 44, nur wenige Tage vor seiner Ermordung, wollte Caesar zu einem Feldzug gegen die Parther aufbrechen. Auf dem Rückweg plante er – gleich in einem Aufwasch gewissermaßen –, das Thrakerreich, das heutige Rumänien, zu erobern. Der ganze Feldzug sollte mindestens drei Jahre dauern. Weder Caesars Zeitgenossen noch seine späteren Biographen verstanden dieses unstaatsmännische Vorhaben. Michael Grant schreibt: »Es war im höchsten Grade verantwortungslos, Rom in einem so kritischen Augenblick zu verlassen und sich für so lange Zeit zu entfernen. Es war die letzte Bestätigung dafür, daß, bei aller Größe Caesars, seine Staatskunst erschreckende Mängel aufwies.«

Sein Abbild auf den Münzen aus diesem Jahr zeigt uns einen Mann, der sehr viel älter aussieht als ein Mitfünfziger. Caesar war verbraucht und fühlte sich krank. Die bewährte Abhärtungskur mußte her!

Plutarch schrieb: »Er wollte die erstickende Atmosphäre der Hauptstadt mit der frischen Luft des Kriegshandwerks vertauschen.«

Drei Tage vor Antritt der Kur wurde der Kranke heimtückisch ermordet. Ob sich Caesars schlechter Gesundheitszustand wieder gebessert hätte, wenn er noch die Gelegenheit gehabt hätte, ein paar hunderttausend Thraker niederzumachen, muß nach Aussagen der Zeitgenossen wohl bezweifelt werden, aber es hätte ihm ganz gewiß Linderung verschafft.

Nach Caesars Ableben schrieb Cicero an Atticus, daß der Diktator von dem geplanten Feldzug nicht zurückgekehrt wäre. »Caesar war ein kranker Mann. Seine Ermordung war überflüssig. Es ist nicht weise, einen Tyrannen umzubringen. Es ist besser, ihn scheitern zu lassen, damit er nicht zum Märtyrer wird.«

Insofern war Caesars Ermordung wirklich ein Verbrechen, das nicht wieder gut zu machen ist.

Das Rätsel von Bayreuth

Am 22. Mai 1872 bei der Grundsteinlegung zum Festspielhaus in Bayreuth ließ Richard Wagner eine Botschaft in die Fundamente einmauern. Sie lautete:

> *Hier schließ' ich ein Geheimnis ein.*
> *Da ruh' es viele hundert Jahr.*
> *So lange es verwahrt der Stein,*
> *Macht es der Welt sich offenbar.*

Diese geheimnisvollen Worte waren mit schwarzer Tinte auf hellem Pergament geschrieben. Wagner verschloß seine »Botschaft an die Nachwelt« in eine luftdicht versiegelte Blechkapsel von der Größe eines kleinen Schuhkartons. Der Maurer Hermann Hilpert, der sie aus Wagners Händen entgegennahm und sie einmauerte, sagte später, die Kassette sei schwer gewesen.

Sowohl ihre Größe als auch ihr Gewicht machen es offenkundig, daß sich in der Blechkapsel mehr als nur ein Blatt Papier befand.

Aber was war es?

Welches Geheimnis verbirgt die Kapsel unter dem Festspielhaus zu Bayreuth? Es muß ein schwergewichtiger Gegenstand sein, der für Wagner außerordentlich wichtig war, dessen Geheimhaltung seinem Werk offenbarende Kraft verleiht.

Jedes Jahr feiert man im Orient und im Okzident die Pilgerzeit. Die Mohammedaner pilgern nach Mekka, die Wagnerianer nach Bayreuth. In beiden Fällen geht es um die Verehrung eines Gottes, der keine anderen Götter neben sich duldet.

Walhalla ist groß, und Wagner ist sein Prophet!

Überhaupt gibt es eine ganze Reihe von Gemeinsamkeiten zwischen dem Propheten der Araber und dem Propheten der Arier. Beide schufen sich eine sakrale Mitte, einen heiligen Ort der Verehrung, zu dem ihre Jünger andächtig pilgern können. In Mekka ist es der schwarze Stein, in Bayreuth das Rheingold.

Obwohl für beide die Unterordnung der Frau eine gottgewollte Tatsache war, hätten sie ohne ihre Frauen nie die Unsterblichkeit erlangt. Was Cosima für den Weiterbestand des Wagnerkultes, das ist ganz ohne Zweifel Mohammeds Lieblingsfrau Aischa für den modernen Islam. Ohne sie gäbe es weder den Ajatollah Khomeini noch seine Schiiten.

Beide waren Günstlinge des Glücks. Mohammed zog das große Los, als seine fünfzehn Jahre ältere Chefin Chadidja ihn heiratete. Aus dem Kameltreiber wurde ein Großunternehmer. Nicht anders erging es Wagner. Sein Haupttreffer war der Bayernkönig Ludwig. Beide waren zunächst unscheinbare Emporkömmlinge. Beide wurden erst spät auf höchst mysteriöse Weise berufen. Mohammed war ein Analphabet, bis zu dem Tag, an dem der Engel Allahs zu ihm sprach: »Schreib!« Und da konnte er schreiben.

Auch die Anfänge Richard Wagners zeugen von musischem Analphabetentum. In seinem Frühwerk ›Leubald und Adelaide‹ wimmelt es wie in einem schlechten Kriminalroman von Leichen. Das Ganze ist eine so blutrünstige Tragödie, daß Wagner einige seiner zweiundvierzig Toten als Geister wieder auferstehen lassen mußte, weil ihm die handelnden Personen ausgingen.

Von seinen Jugendopern ›Die Feen‹ und ›Das Liebesverbot‹ sagte Thomas Mann, daß sie »ausgesprochen dilettantische Züge« tragen.

Dilettantisch wie sein Werk war auch sein Leben. Überragend sind nur die Schulden, die ihn zeitlebens begleiteten. Er arbeitete am Schmierentheater in Bad Lauchstädt. Nicht nur in Magdeburg waren seine Konzerte katastrophale Reinfälle. Die Hungerjahre in Paris und die Anbiederung an Erfolgreiche, wie an den jüdischen Komponisten Meyerbeer, das alles ist höchst peinlich und ohne Größe. Das gilt auch für die erste Ehe mit Minna, die ihm im ersten Jahr gleich zweimal mit einem anderen Mann durchbrannte.

Wenn Genie – wie allgemein angenommen wird – ein angeborenes Phänomen ist, so war Wagner kein Genie. Vergeblich sucht man bei ihm nach frühen geniehaften Leistungen wie bei Mozart, Schubert oder Mendelssohn. Und dennoch ist er eines Tages der Größte aller Zeiten.

Gerhard Hauptmann schrieb über Wagners Werk: »Einzigartig in der Welt. Das mächtigste Kunstwerk der letzten Jahrtausende.« Thomas Mann korrigierte sein Dilettanten-Urteil: »Ein wundervolles, erstaunliches, ewig faszinierendes

Schöpferleben!« Oswald Spengler schwärmte: »›Der Ring des Nibelungen‹ ist das größte dramatische Werk, das die Deutschen nach dem ›Faust‹ hervorgebracht haben.« Friedell hielt es für »mehr als wahrscheinlich, daß man in Richard Wagner das größte Theatergenie aller Zeiten zu erblicken habe«.

Wenn man den Wagner der ersten Jahrzehnte kennt, so vermag man die einzigartige Verwandlung nicht zu begreifen. Normalerweise bleiben solche Wunder der Religion vorbehalten. »Und der Engel Allahs sprach: ›Schreib!‹ Und Mohammed konnte schreiben.«

Welcher Gott sprach zu Wagner?

1846 befand sich der Meister von Mitte Mai bis Anfang August in Großgraupa bei Pillnitz. Und hier in dieser dörflichen Umgebung ereignete sich das Wagner-Wunder. In einem einzigen Zug entstand die gesamte Kompositionsskizze zum ›Lohengrin‹. Ein neuer Wagner war geboren. Nach dem ›Fliegenden Holländer‹ und dem ›Tannhäuser‹ mit ihren christlichen Erlösungsthemen öffnet sich ein Tor in eine völlig neue Welt. Nie gehörte Klänge dringen herein. Die rätselhaften Götter Wagners erinnern an die weißen Götter der Mayas und Azteken, die von fern übers Meer kamen, von denen man nicht weiß, ob die Ureinwohner Altamerikas sie geträumt oder erlebt haben.

Zu Hermann Levi sagte Wagner: »Ich offenbare hier Wahrheiten aus einer anderen Welt, die realistischer sind, als sich irgendein Sterblicher vorzustellen vermag.« Irgend etwas Rätselhaftes hat sich ereignet. Ein Wunder ist geschehen.

Im September 1871 findet sich eine seltsame Tagebucheintragung Cosimas. Sie erinnert sich an ein Ereignis aus dem Jahre 1846: »...und in diesem Augenblick erscheint ein Meteor, wie er noch keinen gesehen, ganz horizontal den Himmel durchstreifend.« Cosima hat diesen Meteor nicht mit eigenen Augen gesehen. Wagner muß ihr davon erzählt haben, sonst hätte sie nicht geschrieben »wie er noch keinen gesehen«, sondern »wie wir noch keinen gesehen«. Es ist seltsam, daß sich Wagners treueste Biographin an dieses weit zurückliegende Ereignis erinnert und es für so wichtig erachtet, es ins Tagebuch einzutragen. Schließlich sind seit 1846 fünfundzwanzig Jahre vergangen. Wollte Wagner damit ausdrücken, daß sein Erfolg im wahrsten Sinne des Wortes vom Himmel gefallen war? Er sprach von meinem »guten Dämon«, von den »guten Geistern« und den »Sendboten aus einer besseren Welt«.

Wie immer wir uns diese rätselhafte Angelegenheit vorzustellen haben, alles spricht dafür, daß Wagner im Frühsommer des Jahres 1846 einen Gegenstand fand, der nicht von dieser Erde war. Im Hinblick auf den ›Ring‹ und das ›Rheingold‹ müssen wir uns diese außerirdische Apparatur wohl rund, metallisch und goldglänzend oder messingfarben vorstellen. Es ist müßig, sich in Spekulationen zu verlieren, wie und woher dieses Gerät auf die Erde gelangt sein mag; fest steht, daß es sich um eine tönende Apparatur handelte. Man muß dabei nicht unbedingt an eine Schallplatte oder ein Tonbandgerät denken. Schon im alten Ägypten gab es Obelisken, die bei Sonnenaufgang zu tönen begannen. Ihr Klangsystem basierte auf temperaturbedingten Ausdehnungsspannungen unterschiedlicher Materialien. Hier sind der technischen Phantasie – wie es die Zukunft beweisen wird – keine Grenzen gesetzt. Es gibt Gründe für die Annahme, daß Wagners tönende Entdeckung auch Bilder produzierte.

Wir, die wir heute in einer Zeit leben, in der Radios, Schallplatten und Filme zum Alltag gehören, vermögen es gar nicht mehr nachzuempfinden, was für ein ungeheures Erlebnis es ist, Musik ohne Musiker zu hören oder Handlungen ohne leibhaftig anwesende Schauspieler zu sehen. Es ist ganz gewiß kein Zufall, daß es ausgerechnet Wagner war, der unter dem Eindruck seines sensationellen Fundes den Orchestergraben erfand. Auch er wollte die Musik ohne Musiker. Nur schaffte er es technisch noch nicht anders, als das Orchester in einem Graben zu verstecken.

Am 23. 9. 1878 zitierte Cosima den Meister in ihrem Tagebuch: »...Nachdem ich das unsichtbare Orchester geschaffen, möchte ich auch das unsichtbare Theater erfinden.« Das unsichtbare Theater? Welch ein unsinniges Ansinnen. Wagner meint natürlich ein Theater ohne anwesende Schauspieler, mit anderen Worten, den Film. Er vermochte sich verständlicherweise nicht präziser auszudrücken, denn der Film war zu der Zeit noch nicht erfunden.

Wagner erlebte sich nicht als handelnder Schöpfer seiner Werke, sondern als passives Werkzeug. Erst vor diesem Hintergrund versteht man das seltsame Phänomen, daß ein Künstler vor seinen eigenen Kompositionen in unfaßbares Staunen ausbricht. In Cosimas Tagebucheintragung vom 20. November 1878 wundert sich Wagner: »Ich habe die letzten Blätter vom ›Parsifal‹ gespielt. Solch eine Musik habe ich noch nie gehört.« »Ich habe sie geträumt«, sagt er an anderer Stelle von den überirdisch schönen Klängen, mit denen im ›Rheingold‹ die Schöpfung anbricht. »Sie überwältigen mich. Überschreiten mein Fassungsvermögen.«

In Cosimas Aufzeichnungen vom 11. März 1878 bekennt er: »Ich bin so ein Schafskopf. Ich kann nicht transponieren. Ich gehe immer nach dem *ge-*

fundenen Klang, niemals nach einem abstrakten Wissen.«

Vermutlich kam der große alte Verdi der Wahrheit sehr nahe, als er sagte: »Es ist unmöglich, ganz unmöglich, daß ein Mensch so etwas konzipieren und verwirklichen konnte.« Zur gleichen Zeit gestand Wagner seiner Cosima: »Mendelssohn würde die Hände über dem Kopf zusammenschlagen, wenn er mich komponieren sähe. Was ich für ein Stümper bin, glaubt kein Mensch!«

Für diese unglaublichen Gegensätze gibt es nur eine Erklärung, die allerdings so ungeheuerlich ist, daß man sich scheut, sie als Faktum vorzutragen. Bleiben wir also bei der Frage:

War dieser stümpernde Halbgott eine Art Radio, ein Medium für eine extraterrestrische Macht?

Waren Wagners Götter Astronauten?

War Walhalla eine Raumstation und Wotan ihr Kommandant?

Basiert die lebensspendende Kraft des Grals auf realistischem intergalaktischem Wissen?

War Siegfrieds feuerspeiender Drache eine Verbrennungsrakete?

War Lohengrin ein Außerirdischer, der auf der Erde landete und mit einer Menschenfrau zusammenlebte?

»Nie sollst du mich befragen, wes Art ich sei.«

Diese rätselhafte Bedingung des Schwanenritters in ›Lohengrin‹ erhält unter diesem Aspekt einen neuen, viel tieferen Sinn. Kam Lohengrin aus dem Sternbild Schwan? Oder war sein UFO von schwanenhalsiger Gestalt? Ist es ein Zufall, daß auch in der griechischen Mythologie Zeus sich in der Gestalt eines Schwans der Leda nähert? Es gibt Tausende von Tieren. Warum ist es in beiden Fällen ausgerechnet ein Schwan?

Die ganze Götterwelt des Ringes, die Riesen, Alben und Walküren, sie alle erhalten einen völlig neuen Sinngehalt. Sie sind nicht Sagengestalten unserer mythischen Vergangenheit, sondern Zukunftsvisionen: *star wars*. Krieg der Sterne.

Bevor wir weitere Raumfahrtraketen starten, um für Milliardenbeträge das All zu erforschen, sollten wir uns endlich aufmachen und den rätselhaften Schatz unter den Fundamenten des Festspielhauses heben. Die Aufdeckung des Geheimnisses hinter dem Bayreuther Ring wird die Welt mehr verändern als die Entdeckung des Benzolringes.

Sollte Hitler doch recht gehabt haben, als er nach einer ›Meistersinger‹-Aufführung im Bayreuther Schauspielhaus verkündete: »Hier liegt der Schlüssel zum Mythos des zwanzigsten Jahrhunderts.«

König Ludwigs letzter Akt

In der Donnerstagnacht vor dem Pfingstfest 1886 saßen im Schloß Hohenschwangau fünf Männer um einen Tisch. Ihre Bärte machten sie älter, als sie waren. Das Kerzenlicht fiel auf Uniformen und Gehröcke, auf denen Orden blitzten. Im Vorzimmer warteten die Henkersknechte. Es waren vier. Ihre offizielle Bezeichnung lautete ›Irrenwärter‹.

Wie unheilbringende Rabenvögel waren die Männer in das nächtliche Schloß eingefallen. Sie waren die Abgeordneten einer Staatskommission mit geheimer Sondervollmacht. Man hatte sie geschickt, um den König zu ›liquidieren‹. Man wollte ihm zwar nicht das Leben nehmen, aber alles andere, Krone und Macht, und was schlimmer war, Würde und Freiheit. Auf der anderen Seite des Tales wanderte der König durch die Säle seines Märchenschlosses Neuschwanstein. Ludwig II. arbeitete wie jede Nacht an der Verwirklichung seiner grandiosen Träume. Er ahnte nichts von dem Unwetter, das sich auf der anderen Talseite zusammenbraute.

Noch gab das Schicksal ihm eine Galgenfrist. Die illustre Gesellschaft der Henker ließ sich Zeit. Im Hinblick auf die einmalige historische Bedeutung ihrer Mission verzehrten sie zunächst einmal ein siebengängiges ›Souper de Sa Majesté le Roi‹. Dazu tranken sie – und das ist aktenkundig – vierzig Maß Bier und zehn Flaschen französischen Champagner aus dem Keller des Königs. Es war eine Henkersmahlzeit ohne den Verurteilten. Vielleicht wollte man sich auch nur Mut antrinken. Schließlich geschieht es nicht alle Tage, daß man vor seinen König tritt, um ihm untertänigst mitzuteilen, daß Seine Majestät ein entmündigter Idiot sei, der seine Schlösser gefälligst mit einer Gummizelle zu vertauschen habe.

Inzwischen hatte ein Kutscher von der unwürdigen Treibjagd auf seinen Herrn Wind bekommen. Er lief hinüber zum Schloß und schlug Alarm.

Der König reagierte wie jeder vernünftige Mensch in solch einer Situation und vermochte es nicht zu glauben. Trotzdem ließ er vorsorglich das Schloß hermetisch abriegeln, befahl aus Füssen die Gendarmerie herbei und rief aus den umliegenden Ortschaften die Brandwehren. Das war gegen zwei Uhr in der Nacht.

Vergleicht man die zaudernde Handlungsweise der Staatskommission mit den Befehlen des Königs, so vermag man sich nicht des Eindrucks zu erwehren, daß der ›Irre‹ zielstrebiger und folgerichtiger handelte als seine angehenden Irrenwärter.

Als die Kommission gegen vier Uhr morgens endlich am Hauptportal von Schloß Neuschwanstein anlangte, blickte sie in die schußbereiten Gewehrläufe der königstreuen Gendarmen. Die hohen Herren wurden arretiert. Eingesperrt in einem Dienerzimmer mußten sie aus dem Fenster beobachten, wie die Feuerwehrleute im Schloßhof ihren Sieg mit Faßbier feierten, das der König seinen tapferen Kriegern spendiert hatte. Die Siegesfeier war jedoch nur von kurzer Dauer.

Man muß wissen, daß König Ludwig schon lange nicht mehr wie ein richtiger König regierte. Bayern war eine konstitutionelle Monarchie. Wirklicher Regent waren Baron von Lutz und seine Minister. Von Lutz war es auch, der den Irrenarzt Dr. von Gudden aufsuchte und es erreichte, daß dieser den König für unheilbar verrückt erklärte, obwohl Dr. von Gudden den König niemals persönlich gesehen, geschweige denn untersucht hatte. Mit diesem zwielichtigen Gutachten wurde der alte Onkel des Königs, Luitpold, überredet, der Entmündigung zuzustimmen und die Regentschaft zu übernehmen. Der alte Herr, der sich nicht für die Staatsgeschäfte interessierte und lieber Gemsen jagte, ließ Baron von Lutz in allen Regierungsangelegenheiten freie Hand. Von Lutz erwirkte noch am gleichen Tag die Freilassung der eingesperrten Kommission, ohne daß der König davon erfuhr.

Inzwischen hatte der König seinen Flügeladjutanten, Graf Alfred von Dürckheim, telegraphisch herbeirufen lassen. Dieser erinnerte sich später: »Der König empfing mich sehr freundlich. Er sagte: ›Helfen Sie mir aus meiner Verlegenheit. Ich wurde in der Nacht plötzlich mit der Nachricht geweckt, daß mehrere Herren gekommen seien, um mich mit Gewalt fortzuführen. Ich habe sie natürlich nicht in das Schloß hereingelassen und ihre Festnahme befohlen. Was beabsichtigt man mit mir? Man kann mich doch nicht wie einen Wahnsinnigen behandeln.‹«

Als Graf Dürckheim dem König bestätigte, man habe ihn entmündigt, bat Ludwig ihn um ein schnell wirkendes Gift. Dürckheim versuchte den König zur Flucht zu überreden. »Das Volk steht hinter Ihnen, Majestät.«

Der König erwiderte: »Fliehen? Ich, der König? Warum? Wohin?«

Baron von Lutz und seine Minister wußten, daß die Zeit gegen sie arbeitete. Sie schickten noch am gleichen Tag eine neue Fangkommission aus, die dieses Mal nur aus Ärzten und Irrenwärtern bestand. Gegen Mitternacht trafen sie in Neuschwanstein ein. Von Guddens Assistent, Dr. Müller, erinnerte sich in seinen Memoiren: »Die Irrenwärter kamen von oben und von unten, sie schnitten ihm den Rückzug ab. Mit großer Schnelligkeit hatten sie den König an den Armen gefaßt. Dr. von Gudden erklärte ihm, daß vier Irrenärzte ihn für verrückt erklärt hätten. Der König antwortete: ›Wie können Sie mich für geisteskrank erklären? Sie haben mich nie gesehen und nie untersucht.‹«

Obwohl er keinen Widerstand leistete, wurde er wie ein Tobsüchtiger, gehalten von vier Irrenwärtern, abgeführt. Von nun an war der König der Gefangene eines ehrgeizigen Irrenarztes, der diesen noch nie dagewesenen Triumph wie einen persönlichen Sieg genoß.

In einer Kutsche, die man von innen nicht öffnen konnte, wurde der König nach Schloß Berg am Starnberger See transportiert. An der Poststation Seehaupt wurden die Pferde gewechselt. Der König bat um ein Glas Wasser. Zu der Posthalterin, die es ihm reichte, sagte er: »Diese Schmach überlebe ich nicht.«

Am 12. Juni, am Pfingstsamstag kurz nach Mittag, erreichte der Gefangenentransport Schloß Berg, das man in aller Eile in eine Irrenanstalt umfunktioniert hatte. Die Fenster waren vergittert. Den Türen fehlten die Klinken. Sie waren mit Gucklöchern versehen. Rund um die Uhr wurde der König beobachtet. Der menschenscheue Monarch verbarg sein Gesicht in den Händen: »Bin ich ein wildes Tier in einem Panoptikum?« fragte er.

Als er um Mitternacht aufstehen wollte – er war seit Jahren ein Nachtmensch –, verweigerte man ihm die Kleider. Hilflos und frierend lief er wie ein Kind im Hemd umher. Der diensthabende Irrenwärter belehrte ihn: »Majestät sollen dazu gebracht werden, wie alle ordentlichen Menschen bei Nacht zu schlafen.«

Die Medizin hatte den König zum Versuchstier degradiert.

Am anderen Tag ordnete Dr. von Gudden einen Spaziergang an. Er bestand darauf, daß niemand sie begleiten dürfe. Sein Assistenzarzt Dr. Müller wunderte sich noch Jahre später über diesen seltsamen Alleingang, der gegen alle Regeln und Vorschriften verstieß.

So nahm das Unglück seinen Lauf.

Als der König und sein Arzt nicht zurückkehrten, suchte man sie. Bei Fackelschein fand man ihre Leichen im seichten Wasser, nur wenige Schritte vom Ufer entfernt. Seitdem zerbrechen sich Historiker, Wissenschaftler und Amateurdetektive den Kopf darüber, was sich wohl an jenem Pfingstsonntag des Jahres 1886 am Ufer des Starnberger Sees ereignet haben mag. Wie nach solch einem königlichen Todesfall nicht anders zu erwarten war, wimmelte es bald von Dolchstoßlegenden.

Da hieß es, König Ludwig sei bei einem Befreiungsversuch durch seine treuen Bayern von einem Geheimpolizisten des Reichskanzlers Otto von Bismarck hinterrücks erschossen worden. Diese von bayerischen Königstreuen bis in die Gegenwart verteidigte These ist wohl am leichtesten zu widerlegen. Bismarck war nicht nur am Weiterleben Ludwigs interessiert, er hätte ihn, wenn es nach ihm gegangen wäre, nur allzu gerne wieder auf dem Thron gesehen, denn er fürchtete »anarchistische Zustände im Süden«, vielleicht sogar eine bayerische Republik. Der Ausspruch Bismarcks »Wie können Irrenärzte einen König beseitigen?« beweist, daß der preußische Reichskanzler dem unglücklichen König mehr Verständnis entgegenbrachte als seine bayerischen Minister. Hätte solch eine heimtückisch zugefügte Schußwunde wirklich existiert, so wäre sie ganz gewiß von den bayerischen Separatisten gegen Preußen verwendet worden.

Eine andere Legende behauptet, der König sei von einem bayerischen Gendarmen versehentlich auf der Flucht erschossen worden. Man habe dann alles getan, um die hochnotpeinliche Angelegenheit intern zu vertuschen. Auch diese Unfalltheorie läßt sich leicht entkräften. Der König hatte das Fluchtangebot seines Flügeladjutanten zurückgewiesen. Flucht lag für ihn, den König, außerhalb der Realität. Ein menschenscheuer Sonderling, der sich in seinen Schloßgemächern vergräbt, der sich mit einem kleinen Kreis von Vertrauten umgibt und nur noch nachts reist, um nicht gesehen zu werden: ein solcher Sonderling flieht nicht in eine ungewisse Zukunft in fremder Umgebung. Für ihn gibt es nur eine Flucht, die Flucht in den Tod. Wie wir aus den Aufzeichnungen des Grafen von Dürckheim erfahren, hatte der König ihn um Gift gebeten.

Und damit nähern wir uns dem tragischen Ende unserer Geschichte. Die meisten Historiker behaupten, der königliche Gefangene habe während des Spaziergangs einen Fluchtversuch unternommen. (Flucht wohin?) Oder er sei in den See gerannt, um sich das Leben zu nehmen. (Aber wie? Ludwig war ein guter Schwimmer.) Dr. von Gudden sei dem Flüchtenden gefolgt. Es sei zum Zweikampf gekommen. Der König habe den Irrenarzt ertränkt. Dann habe ihn der Schlag getroffen. Diese letzte Argumentation ist so fadenscheinig, daß ihr in keinem Indizienprozeß Erfolg beschieden wäre. Vergleicht man die Fotos der beiden Männer miteinander, so ist Dr. von Gudden der weitaus kräftigere. Der aufgedunsene, kränkelnde König wirkt daneben wie ein Schoßhund neben einer Bulldogge. Seit Jahren schon ritt der König nicht mehr aus. Spaziergänge verabscheute er. Die meiste Zeit verbrachte er liegend auf dem Diwan. Er war so kraftlos und schwergewichtig, daß man ihn beim Treppensteigen stützen mußte. Man muß schon eine Menge Phantasie entwickeln, um sich vorstellen zu können, dieser Weichling habe einen Mann wie Dr. von Gudden mit bloßen Händen im Zweikampf getötet, um dann – welch unglaubliche Gnade! – nach vollbrachter

Tat durch einen Herzschlag erlöst zu werden. Solch unnachahmliche Abgänge gibt es normalerweise nur auf der Opernbühne. Und in der Tat scheint Ludwigs Tod so bühnenwirksam arrangiert, daß es uns eigentlich stutzig machen sollte.

Eine gute Inszenierung ist niemals das Produkt des Zufalls. Sie erfordert viel Fleiß, Verstand und Phantasie, vor allem jedoch Begabung, und die besaß Ludwig wie kaum ein anderer. Er war ein Theatergenie par excellence. Seine Schlösser waren keine Bauten im klassischen Sinne, sondern Film- und Theaterkulissen. Er plante sie nicht, um sie zu bewohnen, sondern wegen ihrer szenischen Effekte. Die Entwerfer und Gestalter waren in der großen Mehrzahl keine Architekten, sondern Bühnenbildner und Dekorateure. Ludwig zeigte an diesen der mittelalterlichen, der arabischen und der chinesischen Baukunst nachempfundenen Schlössern ein Interesse wie ein Regisseur an seinen Kulissen. Er ließ sie errichten, genoß die Show und wandte sich der nächsten Inszenierung zu. Seine Tannhäuser-Höhlen und Nymphengrotten, seine Gralsschlösser und Zaubergärten sind pionierhafte frühe Vorgriffe auf die spektakulären Filmkulissen, die ein halbes Jahrhundert später in Hollywood errichtet werden sollten. Daß es sich hierbei nicht nur um einen oberflächlichen Vergleich handelt, erkennt man an der

Tatsache, daß bei den Grotten von Schloß Linderhof zum erstenmal elektrisches Licht zur Erzielung filmischer Projektionseffekte verwendet wurde.

Aber Ludwig war nicht nur ein Inszenierungsgenie, er besaß auch einen unbestechlichen Instinkt für Showtalente. Ohne ihn wäre Richard Wagner im Provinziellen verkümmert. Es gäbe weder den ›Ring der Nibelungen‹ noch Bayreuth. Ludwig war nicht nur der geistige Vater der Traumfabrikation im Stile Hollywoods, er war auch der erste, der Schauspielkunst kinomäßig konsumierte. Normalerweise ist Theater ohne Publikum nicht denkbar. Das Theater lebt vom Applaus der Menge, von festlicher Garderobe, vom Sehen und Gesehenwerden. Im Kino sitzt der Betrachter isoliert im Dunkeln. Film und Fernsehen laufen auch, wenn nur ein oder kein Zuschauer anwesend sind. Nicht anders erlebte Ludwig das Theater. Über zweihundert Opern- und Ballettaufführungen wurden ausschließlich für den König aufgeführt. Wie ein Kinobesucher oder Fernsehkonsument saß er ganz allein im abgedunkelten Auditorium.

Wenn dieser Mann zwei Generationen später gelebt hätte, so wäre er ganz ohne Zweifel als einer der Großen in die Filmgeschichte eingegangen, so wie Walt Disney und die Gesellschaft Metro-Goldwyn-Mayer.

Ein Showtalent mit einem so ausgeprägten, übersensiblen Gefühl für szenische Effekte stirbt nicht als Opfer einer primitiven Prügelei, die er selbst durch sinnlose Flucht ausgelöst hat. Er würde sich ganz ohne Zweifel einen besseren Abgang von der Bühne des Lebens verschaffen.

Wie sehr der König so dachte, erkennt man an seinem Verhalten während der unrühmlichen Verhaftung. In seiner Verzweiflung spielte er mit dem Gedanken, sich vom höchsten Turm seines Schlosses zu stürzen. Er verwarf diesen Plan jedoch gleich wieder, weil ihn die Vorstellung schreckte, mit zerschmetterten Gliedern und entstelltem Aussehen aufgebahrt zu werden. Nicht der Tod, sondern der dilettantische Abgang machte ihm zu schaffen. Zu Richard Wagner sagte er während eines Gespräches: »Eine Tragödie steht und fällt mit dem Ende ihres Helden.«

Betrachten wir das Ende unseres Helden.

Wie wir aus den Aufzeichnungen des Grafen von Dürckheim wissen, hatte der König ihn um Gift gebeten. Dürckheim hatte dieses Ansinnen »entrüstet« zurückgewiesen. So steht es in seiner Niederschrift. Was anderes konnte er auch schreiben. Aber gerade dieses betonte Dementi macht ihn verdächtig. Entrüstete Zurückweisungen sind immer dann geradezu typisch, wenn Politiker und Militärs in krassem Gegensatz zu ihren schriftlichen Beteuerungen handeln.

Von Dürckheim wäre kein königlicher Flügeladjutant gewesen, der diesen Rang und diesen Titel verdient, wenn er seinem König in höchster Not nicht beigestanden hätte. Warum sollte er seinem unehrenhaft entmündigten König verweigern, was drei Generationen später ein amerikanischer Offizier nicht einmal dem feindlichen Reichsmarschall der Nazis verweigert hatte: einen menschenwürdigen Abgang von der Bühne der Geschichte.

Von Dürckheim gab seinem König Gift.

Nur so erhält das nachfolgende Geschehen einen akzeptablen Sinn. Ludwig verbarg das tödliche Elixier, um es im gegebenen Augenblick szenisch richtig zu verwenden. Natürlich taucht hier die Frage auf, ob es dem Gefangenen überhaupt möglich war, das Gift so zu verstecken und zu transportieren, daß seine Bewacher es nicht fanden. Hatte man dem König nicht alle Kleider abgenommen und durch neue vertauscht? Ludwig war ohne Gepäck nach Schloß Berg gebracht worden. Wo also sollte er das Gift verbergen?

Hüten wir uns vor Spekulationen. Halten wir uns an die überlieferten Fakten. Dr. Müller erinnert sich in seiner Niederschrift, daß der König vor seinem letzten Spaziergang noch einmal umgekehrt sei, um seinen Gehstock zu holen. Daran war nichts Ungewöhnliches, denn in der zweiten Hälfte des vorigen Jahrhunderts gehörten Hut und Stock unabänderlich zur Straßenkleidung eines Herrn. Seltsam an der Angelegenheit ist jedoch der Umstand, daß des Königs Stock später nicht mehr gefunden wurde. Auch dieses Puzzleteil paßt in unsere Tatrekonstruktion, denn das Gift befand sich in dem Stock.

Ludwig besaß eine ganze Sammlung von massiven und hohlen Spazierstöcken, silberbeschlagen und perlmuttverziert. Man kann sie noch heute bewundern.

Endlich komplett mit Stock und Hut, stiegen die beiden Männer hinab zum See. Der Kiesweg unter ihren blanken Schuhen knirschte. Für beide war es ein großer Augenblick. Dr. von Gudden genoß die Macht. Noch vor wenigen Tagen wäre er nicht einmal in einer Massenaudienz vom König empfangen worden, und nun hatte man ihm den König zur Aufsicht unterstellt.

König Ludwig wußte, daß er von diesem Ausflug nicht zurückkehren würde. Der Vorhang zum letzten Akt der Tragödie hatte sich gehoben. Ludwig selbst führte Regie. Frisches Pfingstgrün leuchtete vor dunklen Gewitterwolken. Tiefschwarz und unbeweglich erwartete der See sein Menschenopfer. Es war eine Szene wie aus dem letzten Akt von ›Lohengrin‹. Der Schwanenritter mußte gehen. Ludwig schien sich in sein Schicksal gefügt zu haben. Gelöst und fast heiter ging er neben dem Arzt.

Dr. von Gudden ließ sich bereitwillig täuschen. Nicht nur die Liebe, auch der Erfolg macht blind. Uns ist nicht überliefert, worüber die ungleichen Männer sprachen. Aber selbst, wenn wir es wüßten, wäre es gewiß keiner Erwähnung wert: oberflächliche Artigkeiten, Verstellung, Nebensächliches.

Vor einer Wegbiegung öffnete der König seinen Hosenschlitz. Er trat hinter einen Baum. Von Gudden wanderte gemächlichen Schrittes weiter. (Wer wird schon seinen König beim Urinieren observieren?) Ludwig holte das Gift aus dem Gehstock und schüttete es in die Medizin, die von Gudden ihm verabreicht hatte. Dann setzten sie gemeinsam den Spaziergang fort.

(Woher ich weiß, daß der König anhielt und mit geöffneter Hose hinter den Baum trat? Nun, weil es keine andere Möglichkeit für Ludwig gab, seinen Bewacher für ein paar Minuten abzuschütteln.)

Später brachte der König das Gespräch auf das Medikament, das Dr. von Gudden ihm verschrieben hatte. Er wird wiederholt haben, was er bereits vor Zeugen in Schloß Berg mit Nachdruck gesagt hatte: »Ich weigere mich, irgendein Medikament zu nehmen. Man will mich vergiften.«

Dr. von Gudden wird ihm wie am Vorabend widersprochen haben: »Wir alle wollen nur Ihr Bestes, Majestät.«

Ludwig holte die Tropfen nebst Löffel aus der Manteltasche hervor. »Beweisen Sie es mir«, sagte er.

»Was soll ich Eurer Majestät beweisen?«

»Nehmen Sie vor meinen Augen einen Löffel von dieser Tinktur. Sie weigern sich? Ja, Sie weigern sich. Sie schrecken davor zurück, denn es ist Gift.«

(Auch hier könnte ein kritischer Leser einwenden, woher ich denn wissen will, daß es so war. Es gab ja keine Zeugen. Auch hier ist die Logik mein Zeuge. Wie anders hätte Ludwig denn den Arzt dazu bringen können, das Gift zu nehmen?)

»Wie können Sie so etwas Ungeheuerliches behaupten?« rief Dr. von Gudden erregt. »Ihr Geist ist verwirrt. Sie sind krank. Ich will Ihnen helfen.«

»Beweisen Sie es mir«, sagte der König.

Dr. von Gudden war stehengeblieben. Er griff nach dem Fläschchen. Tropfen für Tropfen füllte er den Löffel.

»Gift«, sagte der König.

Ein selbstgefälliges Lächeln huschte über Dr. von Guddens Gesicht. Er führte den Löffel an die Lippen. Ihre Augen begegneten sich. ›Schau her, du

Dummkopf!‹, sagten die des Arztes. ›Ich werde dir beweisen, wie krank du bist.‹ Dann weiteten sie sich vor grenzenlosem Erstaunen, vor Atemnot und Entsetzen. Er fuhr sich mit beiden Händen an den Hals. Zerriß den Kragen des Hemdes. »Gift«, stöhnte er. »Gift.«

»Ich habe es gewußt«, sagte der König.

»Aber wieso?« stammelte der Sterbende. »Wieso?« Dann stürzte er zu Boden.

Nur mit größter Mühe gelang es dem König, seinen Wächter an den See zu ziehen. Angewidert stieß er ihn von sich. »Was für eine Ratte war dieser Mensch, der es gewagt hatte, uns, den König, für verrückt zu erklären.«

Ludwig steckte die leere Giftampulle in den silberbeschlagenen hohlen Gehstock und schleuderte ihn hinaus auf den See. Die Wellen trugen ihn davon. Irgendwann würde er wie ein leckgeschlagenes Schiff vollaufen und im Schlamm versinken.

Der König stand bis zur Brust im Wasser. Er spürte die Kälte nicht. In der Ferne hörte er einen aufgeschreckten Schwan. Der Wind war voller Musik: ›Tannhäuser‹, ›Lohengrin‹, ›Parsifal‹.

Seine Lippen suchten den heiligen Kelch.

Dann starb er, um unsterblich zu werden.

In seinem Tagebuch steht der Satz: »Ein Rätsel

will ich mir und den Menschen sein.« Dem ist nichts hinzuzufügen.

König Ludwig wurde nicht ermordet. Er war auch kein Mörder, nicht einmal ein Selbstmörder. Ein Mensch, der amtlich für verrückt erklärt wird, kann für seine Tat nicht verantwortlich gemacht werden. Sein Opfer hat ihn entmündigt und zugleich freigesprochen.